国家出版基金项目
NATIONAL PUBLICATION FOUNDATION

刘庆洪村

山东村落田野研究丛书

张士闪　李松　总主编

刘爱昕　著

山东大学出版社

《山东村落田野研究丛书》
编委会

总序

编纂一套山东村落田野调查方面的丛书，立意甚早。20多年来，以山东大学为核心的山东民俗学团队，每年都会安排多次村落田野调查活动，许多博士、硕士学位论文也以村落为田野点，注重对田野材料的挖掘与分析，紧贴乡土作实证研究，迄今竟有百村之数。学术论文的阅读群终归有限，将这些辛苦得来的第一手田野资料，以写实的手法呈现出一个个真实的村落世界，向社会提供一份可信的国情资料，一直是我们共同的心愿。

2016年夏，山东大学民俗学研究所与山东大学出版社共同策划、申报"山东村落田野研究"选题，并于2017年春被列入国家出版基金规划资助项目，夙愿终偿。我们从以山东村落为田野点的博士、硕士学位论文中遴选出20种，邀约作者遵循"深描村落生活，凸显村民主体，梳理乡土文脉，展现国情底色"的原则，进行改写或重写。为使这一原则不致落空，我们课题组密集举办三次小型研讨活动，达成如下共识：

首先，小中见大，述而见议。这套丛书所选村落虽然都在山东，但学术视野并不自我设限，讲究以小见大，寓学理于讲述之中，助推对于中国社会的深入理解。这需要作者秉持综合、开阔的学术眼光，既关注村落的历史脉络，涵括其驳杂的历史动态，又聚焦当今村民主体话语，反映村落的社会现实和未来走向。

其次，关注传承，着眼动态。在乡土社会发生剧变的当下，我们理应重新观察和思考作为人类最基本的生活共同体的村落，关注其自治传统的传承及组织机制，得出符合其自身历史实际和内在逻辑的阐释。村落描述，不应该成为乡村琐事的拼盘，也不是对于一个个村落凝固幻象的编织，甚至也

不应满足于立此存照式的一幅幅风俗画。我们深信，就在众多村落所呈现的异同之间，蕴含着中国基层社会的真正奥秘。

再次，村民本位，日常视角。坚持村落民俗志描述中的村民本位，摆脱那种将文人的文字传统视为“唯一性知识”的旧习，将村民日常使用更广泛的口述、物象、仪式等知识形式，放在至少是与文字同等的位置。我们深知，白纸黑字所代表的文字表达传统，仅仅是占社会总体人数很少的文人阶层所推重的一种特殊知识形式，而远非人类知识之全部。在乡村社会中尤其如此。将村落的历史、当下与未来贯穿起来的村民，在“过日子”中凝结而成的丰富知识形式，理应在村落民俗志中显现光彩。我们期望这套丛书出版后，不仅供学者研究、都市人阅读，还有村民愿看，甚至成为村落典藏。让乡土知识真正实现“从民众中来，到民众中去”，是我们最大的心愿。

新世纪以来，随着以全球化、都市化为特征的现代生活的迅速普及，乡土民俗的连续性、系统性、整体性已严重受损，曾作为中国社会主体的乡土村落正经历巨变。但无论如何，村落依然是中国传统文化的重要承载地，农民是绝不可轻忽的文化传承主体。当代学者的一项重要使命就是关注村落，将村落中的人、事、文化传统与生活现状等视为一个整体，通过深描村落社会运行的逻辑，阐释村民的生活世界及其赋予生活的意义之所在，并在此基础上对其组织形态、机制及变迁予以描述与推导，这对于理解中国乡村文化传承乃至整个中国社会大有裨益。我们深知：梳理中国村落的历史来路，叩问其从何而来；展示由形形色色民俗事象所构成的村落人文世界，理解现状与内在脉络；观察村落在现代化进程中的遭遇与新创，关注其向何处去——这应该成为村落研究介入当代中国社会发展、彰显乡村文化茁壮活力的基本向度。

一、中国村落研究传统

生于乡土，终老乡土，曾在漫长岁月中被绝大多数国民视若天经地义，这一社会事实本身即足以显示村落的意义。我们相信，“在村落中研究”（格尔兹语）的学术实践，在当今“世界史”“全球史”风起云涌之际，不仅没有过时，而且不可或缺。毕竟，无论是重述“亚洲”，还是重述“世界”，我们仍要以乡土中国为立足点。

传统意义上的村落，自有其历史渊源与发育过程。村落社会的组织与运行，离不开稳定的民俗传统的传承。民俗传统既具有群体规约性质，又能为民众提供身份认同与人生意义，因而蕴含生机，常在常新。村落之为“问题”，乃是19世纪末20世纪初，一批知识分子基于晚清社会之变局“眼光向下”的产物：一方面，受西方入侵影响，新的生产方式与经济结构已日益内嵌于中国基层社会，传统时代城乡互动的社会运行模式被打破，作为中国乡土社会基本单元的村落日渐萎缩，成为当时中国社会整体发展失衡状况的表征之一；另一方面，以“西学东渐”为背景而形成的革命性、现代性强势话语，逐渐渗入乡土社会，持续改写着村落发展的内在逻辑，造成了民间自治传统的失衡或断裂。[①] 以此为背景，乡土社会成为当时知识精英普遍关注与“拯救”的对象，村落则成为中国现代学术研究的重要单元。

诚然，学术活动不能没有研究单元的设计。20世纪上半叶，以费孝通、林耀华等为代表的中国学者，就注意选择村落或村寨为研究单元，并在其学术生涯中长期坚持，认为村落既是便利研究者做全面了解的较小的社会单位，又是反映人们社会生活的比较完整的切片。[②] 其中奥秘，恰如英国人类学家布朗所强调的，对于一个村庄进行细致入微的研究的意义在于——既要看到村落社区生活的某一个方面在整体的社会生活中的功能，也要看到这个村落本身的组成结构。[③] 钟敬文在1983年中国民俗学会成立的讲话中，将“搞民俗学当然着重在广大农村”当作不言而喻的前提[④]，后又在不同场合多次表述，获得了国内民俗学界的广泛响应，乃至成为经典范式。20世纪90年代初，刘铁梁从民俗传承生活空间的角度，论述了村落作为基本研究

① 参见张士闪：《“顺水推舟”：当代中国新型城镇化建设不应忘却乡土本位》，载《民俗研究》2014年第1期。

② 参见费孝通：《江村经济——中国农民的生活》，商务印书馆2001年版，第24页。

③ 转引自赵旭东：《权力与公正——乡土社会的纠纷解决与权威多元》，天津古籍出版社2003年版，第10页。

④ 参见钟敬文：《民俗学的历史问题和今后的工作》，载《钟敬文自选集》，首都师范大学出版社2008年版，第409页。

单位的意义，明确了村落研究在民俗学学科中的理论地位。[①] 时至今日，以村落为单元进行研究的学者仍为数众多，跨越民俗学、人类学、社会学、历史学、民族学、艺术学等学科。诚然，在国土广袤的中国，无论从事怎样的课题研究，从相对自成体系而又较小的村落生活共同体入手，自有其合理性，而且有望产生深厚的学术理论意义。更何况，村落研究还被赋予认知历史、立足当下、面向未来的重要使命。村落形态尽管一直处于或微或巨的变化之中，但它所塑造的文化模式与传统，在可预见的未来中国仍具重要价值，乃是不争的事实。

但与此同时，对于以村落为研究单元的批评一直不绝于耳。美国学者施坚雅的批评可谓尖锐："研究中国社会的人类学著作，由于几乎把注意力完全集中于村庄，除了很少的例外，都歪曲了农村社会结构的实际。如果可以说农民是生活在一个自给自足的社会中，那么这个社会不是村庄而是基层市场社区。"[②]在施坚雅的"市场圈"理论之后，又陆续出现了祭祀圈、婚姻圈、联村组织等研究范式，对村落研究模式予以拓展，努力将村落单元置于更大范围的区域社会脉络中予以理解。毕竟，村落社会并非村民的简单集合，村民生活也并非只与村落有关。自古及今，村民与村外世界联系的普遍性是无可置疑的。[③]

围绕村落作为研究单元的种种争论，有相当多的误解在内。比如：对于村落生活共同体的基本理解，是被动、静态，还是动态、开放？争论双方其实是基于不同的预设。村落研究，如果将村落理解为动态、开放的社区，就应该成为从村落出发的研究，以小见大地拓展个案研究的价值，而那种从较大区域展开的研究，如果将村落理解为被动、静态的社区，也不见得就一定贴

---

① 参见刘铁梁：《村落——民俗传承的生活空间》，载《北京师范大学学报（社会科学版）》1996 年第 6 期。最近，他对此作了更明确的表述："村落被民俗学者视为田野调查的最佳场域，也是最基本的空间单位……民俗学把村落作为一个整体的小社会进行观察和分析。在村落中观察到的民俗文化事象，具有时空的限制意义。"（刘铁梁：《"深描"中国村落文化变迁》，载 2017 年 7 月 10 日《中国社会科学报》）

② ［美］施坚雅（G. William Skinner）：《中国农村的市场和社会结构》，史建云、徐秀丽译，中国社会科学出版社 1998 年版，第 40 页。

③ 即使在前现代化时期，村落本身也不可能像老子所说的"鸡犬之声相闻，民至老死不相往来"，如多村共用一庙、信仰仪式的村落轮值等。当代学界热衷于以"古村落""传统村落"等为研究对象，频繁使用"原生态""原汁原味""本真性"等概念，其实都是以将封闭自足视作村落的"典型"状态为预设的。

近了"农村社会结构的实际"。其中的关键，是对于乡村社区与村民主体之间互动关系的理解，而不在于所选择的研究单元的大与小。即便是规模不大的村落，毕竟也是民众多种力量共存的、活态的生活共同体。其实，在中国乡土社会研究中，真正让人遗憾的是对于村民主体性的轻忽或漠视，这是在上述研究模式中一直未能得到根本改变的死角。

二、村落研究，应聚焦民众主体

绝大多数的村落研究，往往将民众的文化笼统地归于"民俗"，似乎民众的文化生命是以"民俗传承"来丈量或维系的。厘清民众与民俗的关系，将有助于拨开笼罩在村落研究中的多重迷雾。民俗，究竟是民众自发的文化创造，还是基于"一二人倡之，千百人和之"的精英引领，抑或不过是国家大一统进程中"礼化为俗"的结果？细究之，上述三种观点虽都不免以偏概全，却也都道出了民俗的某一要义。若将三者统观，庶有助于对"民俗"乃至村落的理解。

首先，民俗的本质是民众主体的文化创造，自无可置疑。民俗传统，即民众在长期生活实践中，以约定俗成的方式促使某种价值规范发生从世俗到超验的升华过程。值得注意的是，这一升华过程绝不是一朝一夕所能成就，也并非一成不变，而是在民众生活共同体内部始终蕴含着多变的可能，呈现出活态性质。同时，再有力的国家行政运作，也无法随意篡改民俗传统或改变村落社会的民众主体性质。近年来对于当代村落的近距离观察，使我们更加确信：在当下新型城镇化的浪潮中，民俗传统不仅没有遁隐，而且变得更富弹性与多元。时至今日，某些村落的发展轨迹时显诡异，其"突然终结"与"奇迹再生"之现象让人大感迷惑。究其实，民众力量在社会剧变中的屈抑与释放当是理解这一现象的重要维度。

其次，自古以来，民俗的形成与发展均离不开知识精英的引领作用。我们在田野作业中发现，很多民俗传统一开始是作为事件应激之文化反应而出现的，如村落形成之初的生存所需、灾乱年头的秩序维持、太平时期的发展机遇捕捉等。这种因应激而形成的文化反应，不会随着事件的完结而迅即消失，而是沉淀、扩散到地方生活中，形成社会经验，此后又会在后发的事

件应激中被运用，最终磨合成一种社会行为模式。在应激事件、应激性文化反应与社会行为模式的互动过程中，离不开少数文化精英的有意识运作，并最终使之沉淀为乡土民俗。恰如“民俗”之作为现代学术概念，也是伴随着现代城市化的发展进程而为知识精英所发明并设置意义的。正像铃木正崇所说：“直到近代，‘民俗’与‘传统’在消灭和生成的间隙中得以发现。”[①]不过，少数知识精英的引领作用，从来是与其“适于时而合于势”的行为选择密切相关的。兹以地方志书中的灾荒记录为例予以简单说明。地方志书中总是凸显地方精英的非凡作用，比如为减税急赈而为民请命、订约立碑以控制社会秩序等，而将一方民众作为背景因素，至多以“民不聊生”“饥民四起”等语大略言之。这显然并非社会事实。实际上，精英的行为往往是受地方社会情势所激，其对于当时国家政治态势的估测，与对于地方民众心理的揣度，为其行为选择提供了关键性依据。但作为地方社会情势重要构成因素的民众，却在地方志书中被大大忽视了。

再次，中国很早以来就已形成所谓的“礼俗社会”，传统中国作为一个复杂社会系统，在民间生活与国家政治之间有着复杂而深厚的同生共存关系。纵观一部中华文明传承发展史，国家意识形态经常借助对民俗活动的渗透而在乡村生活中贯彻落实，形成“礼”向“俗”落实、“俗”又涵养“礼”的礼俗互动的政治框架。礼俗互动，既包括民众向国家寻求文化认同并阐释自身生活，也体现为国家向民众提供认同符号与归属路径。换言之，借助民俗文化的生机跃动，民间社会始终发挥着对于主流文化的葆育能力。以此为基础，在中国社会悠久历史进程中的“礼俗互动”，就起到了维系“国家大一统”与地方社会发展之间平衡的作用。[②] 国家政治与民间自治之间的互动关系，不仅形塑着社会组织的基本形式，也由此产生了社会生活层面的文化交织现象：“国家对村落的政治干预与民间自治之间有长期互动的历史，结果是形成了今天（家族村落）聚落联合体的基本组织形式。”[③]以此理解中国大地上的众多村落，庶有较通观的眼光。

---

① ［日］铃木正崇：《日本民俗学的现状与课题》，赵晖译，载王晓葵、何彬编：《现代日本民俗学的理论与方法》，学苑出版社 2010 年版，第 3 页。

② 参见张士闪：《礼俗互动与中国社会研究》，载《民俗研究》2016 年第 6 期。

③ 刘铁梁：《传统乡村社会中家庭的权益与地位——黄浦江沿岸村落民俗的调查》，载《北京师范大学学报（社会科学版）》2001 年第 6 期。

三、村民口述的意义

走进村落，不仅要关注“民生”，而且要体察“民心”，感受民众生活史与心态史的双重意义。面对民众的生活与文化，传统的学术工具似乎不那么灵光了。

比如，我们在村落调查中，经常有各种各样的困惑。为什么历史上的某一事件，会频繁地被村民表述，还被表述者加上了许多的发明和创造？不仅如此，看起来离“真相”越来越远的表述，反倒经常成为后人的话题中心，并在现世生活的裹挟下发生效用，而事件本身（即所谓“真相”）倒不见得重要了。还有，为什么是历史上的这一事件而不是另一事件，频繁地被这一地方而不是另一地方的人不断关注，并“折腾”出了这样的而不是别样的传统？有果必有因，有事必有人，民间自有其文化选择与传承的机制——没有关注，就不会有表述；没有关注和表述，就不会有传统的发明和创造。

显然，前者关注的是一种文化传承的线性历史，后者则关注其内在结构逻辑，耶鲁大学教授萧凤霞试图以“结构过程”[①]涵括二者。要想真正地解惑答疑，就必须在具体的区域社会空间中将二者结合起来，关注某一传统从过去到现在的建构过程与多元指向，并特别聚焦其主体表述。这一研究模式的策略是，一种传统在不同时代留下的表述有或微或巨之别，而就在种种表述的同异之中，蕴含着区域社会发展的历史脉络与内在逻辑。因此，我们的工作首先是挖掘各种表述，然后在各种表述之间寻找关联，总结民间叙事的特征，并在此基础上还原“社会事实”，建构逻辑关系。鉴于历史上官方、知识精英与民众的互动情形驳杂不一，我们今天所见的“传统”基本上都已经历过无数次改写，只是我们难以知情罢了，因此必须保持足够的警觉。这也意味着，我们在关注传统的线性历史脉络的同时，要特别关注地方社会中人的创造能力及创造逻辑。

用这样的眼光看，民间口述材料中所谓的“随意性”，不但不应是拒绝采信的理由，反倒要视为民间叙事乃至地方生活的应有特征，为我们解读历史

---

① 萧凤霞：《廿载华南研究之旅》，载《清华社会学评论》2001 年第 1 期。

提供了一种相对稳实可靠的地方逻辑。一个人(当然也包括多人)对于同一事件的不同表述,既可以是基于生活状态与交流情境不同而形成的差异,也可能是他对事件表述的不同侧面的选择,还可能是他自身"觉昨非而今是"而有所改变的结果。叙事者,既是能动的个体,又会受到国家历史进程与地方社会发展格局的影响。更重要的是,国家历史进程与地方社会发展并不是作为人类个体活动的静态背景而存在的,而是通过无数个体的能动性活动才得以实现的。个体与群体的叙事及其他行为,对于地方社会发展与国家历史进程的推动作用,至今尚难以准确估测,但在它们之间存在着至为复杂的关联与互动关系,则毫无疑问。因此,民间叙事基于村落生活而呈现出的所谓"随意性",不但不是田野研究的绊脚石,反倒蕴含着学术进步的契机,因为这是理解村民的历史观、价值观的必由之径。

村落中的民间叙事,还会努力保持与地方志、族谱、文人著述等文字传统的一致性。比如,它们都倾向于将本地区的历史与文明传统演绎得悠久古老,竭力与上古圣贤、神灵怪异建立关联,以贴近"人杰地灵"的叙事逻辑。显然,地方社会一直在不断地重新定义和建构自身传统的神圣与伟大,只不过官方和文人的叙事多以县境为单元,村民则多以村境为指向,官民之间经常发生的"文化合谋"即在此背景下展开。这与现代婚礼上对于恋人"缘分"的演绎,电视选秀者对其生平际遇的"赋值"等现象,如出一辙。其中的关键是如何建构叙事的合理性,以感染受众,并挟以自重。由此可知,执着于对民间叙事证实或辨伪的学者,既难以理解历史,也不能洞悉民众智慧。

村落研究,是不能不将历史学与民俗学、人类学的研究方法加以综合运用的。就村落史研究的学科传统而言,历史学追求历史真相,其研究注重证实或辨伪,而民俗学、人类学则关注民众如何记忆历史,以及为什么这样记忆历史。村民的历史记忆可以是虚构的、附会的、可改变的,因为它指向的是意义。比如,在山东各地的移民传说中,潍水以西大都说是来自山西洪洞大槐树(有的强调是由河北枣强中转而来),潍水以东的胶东半岛则普遍流传着"小云南移民"的说法。虽然众口一词言之凿凿,但在历史上不可能村村如此。然而,人们还是将传说演绎为一种显赫话语,争相讲述、争论与传播。在争来说去之间,这一传说就被广阔地域的人们演绎为一种有意义的历史记忆,衍生出文化认同、精神安顿等现实意义。克拉克认为:"人类学者

一向比社会学者和历史学者对于历史意义的重要性更为敏感。和'什么事实际上发生过'同样重要的,是'人们以为发生过什么样的事',以及他们视它有多么重要的。"①真正的村落研究,不仅是在为包括历史学在内的多种学科提供民众口述资料,其实还有更为重大的使命,就是挖掘和呈现民众生活实践中的文化创造及其价值建构。遗憾的是,后者至今仍为包括民俗学者在内的众多学人所轻忽。

四、以学者与村民合作的民俗志书写方式,推进当代村落研究

近年来学界劲吹"田野风",进入村落成为时尚。特别是有老建筑遗存的古村,学人更是纷至沓来。热衷于进村者,并非都出于对村落价值的珍视与对村落发展的关怀,但对村落的影响却是强大而持续的。在这一切的背后,是国家战略聚焦乡村,社会资本涌入乡村,乡村成为当代社会的"宝地"。

历史告诉我们,乡村社会的良好发展是国家长治久安的基础。不过,在此时此刻,如下追问也许并非多余:我们真正了解我们匆遽进入的乡村吗?我们所理解的、要保护的乡村文化生态是自然真实且可持续的吗?我们的意愿也是生于斯长于斯的众多父老乡亲的愿望吗?这方水土会因我们的进入而更加美好吗?须知,在"现代化发展"这一庞然大物面前,乡村自然与人文生态系统是何等脆弱,而乡村所积淀的传统智慧对于人类未来发展则弥足珍贵,任何人、任何力量都无权损之毁之。广阔的农村天地首先需要被准确认知,然后才有可能"大有作为"。面对村落,如何才能更好地认知、更深入地理解与更准确地描述呢?

就本套丛书的众多作者而论,虽然早先在博士、硕士学位论文的写作过程中,已对村落有相当了解,但受到学位论文写作时间的限制与研究能力的制约,其村落民俗志描述少有村民的内部视角。我们期望在这套丛书的写作中,通过学者与村民的深度合作,尽量多地呈现二者的不同视角,尽

① [美]克拉克(Samuel Clark):《历史人类学、历史社会学与近代欧洲的形成》,贾士蘅译,载[加]玛丽莲·西佛曼、P. H. 格里福编:《走进历史田野——历史人类学的爱尔兰史个案研究》,(台北)麦田出版股份有限公司1999年版,第386页。

量多地留存鲜活的乡土气息。

1. 对于村民的内部知识，不妄加评论，而采用现象描述的方式，呈现真实的民众心态。

初入田野者，最常见的毛病便是盲从自己的知识"先见"，乍见村落种种现象，就匆匆忙忙做类型区分和价值判断。比如，对于村民信仰活动，或要评判是否迷信，或要区分是道教还是佛教。这样的知识"先见"，其实是基于对中国社会的肤浅理解。看似荒诞不经的言行，往往背后蕴含着民众的真实心态，是解读村落心史的难得资料。本套丛书中《胡集村》一书的作者王加华，曾携初稿进村交流。村民以当地说书前惯用的几段开场白①为证据，坚持认为本村起源于春秋时期，已有 2000 多年历史。这一说法无疑是非历史的，却正反映了村民希望将本村历史拉长与神圣化的真实心态。作者最终定稿时，对此就没有予以简单地抹杀或揶揄，而是在列举地方志书中的"明初立村说"之后，呈现村民的"春秋立村说"及其依据，同时保留村民的其他说法，这无疑是确当的。

当然，在学者与村民的交流中，也会有村民揣摩学者意图而对村落内部知识加以改装，往学者这边贴靠。这既与现实生活中学者话语的强势地位有关，也表现出村民对外来话语（包括学者）的利用心态，后者尤其值得注意。一些有见识的村民，一旦察觉到学者话语有助于所在村落的"增值"，往往就会抛弃己见，欣然赞同学者的说法，甚至热心地帮助寻找证据。虽然这也是村落知识增长的一种方式，但目前却还处于不稳定状态，需要将之与村落中比较稳定的知识范畴相比照，否则，我们对村落的理解就不免浮光掠影。

2. 丛书最后特设专章"村里的人　村里的事"，附录"重要民俗资料提供者简介"与村民所用文献，以凸显村民的主体叙事视角。

"村里的人　村里的事"专章的设计，意在以词条单列的方式，突破传统村落民俗志书写的静态幻象，在以事带人的生动描述中展现村落中的特

① 胡集书会汇聚南北说书人，常用的开场白有："道德三皇五帝，功名夏后商周，五霸七雄闹春秋，顷刻兴亡过手。""孔夫子周游列国，子路沿门教化。柳敬亭舌战群贼，苏季子说合天下。周姬佗传流后世，古今学演教化。""扇子一把抡枪刺棒，周庄王指点于侠。三臣五亮共一家，万朵桃花一树生下。何必左携右搭。"

色文化。要想做到这一点并不容易。如张士闪和张帅在完成《洼子村》一书初稿后，曾专门回村细读给7位老人听，在热烈的讨论交流中，重新审视或矫正书中的原有观点。有村民尖锐地提出，原书稿过于突出巫婆神汉、善人及其信仰活动①，应该为本村烈士、支前英雄“树碑立传”，突出“教师村”的形象，并提供了相关资料。我们据此进行调整，新增“教师村”“红色记忆”两个词条，与原有的“公事总理”“礼仪人家”“善人”等并置相映，就明显合理多了。这一修改书稿的过程，其实是学者与村民的两种叙事风格的并置与互动的过程，由此形成的村落民俗志自然会较前丰厚许多。

重要的民俗资料提供者，通常属于村民心目中“会看事”“会办事”“会说话”的人，经常代表村民向外人表述“村落文化”，其话语当然也会经过其自身的选择、加工而具有个人色彩。我们需要进一步观察，大多数村民会认同他作为村落文化代言人的角色吗？不善于对外人表述的大多数村民，如何评价他的话语？学者的到访，是促成了村民对其话语的接受还是相反？这些都需要格外留心。书后所附“重要民俗资料提供者简介”，意在呈现其个人基本信息，供读者进一步了解与思考。

书后所附的村民文献，与学者所撰写的正文文本形成有趣对比。学者与村民之间，注意点不同，知识储备、思想局限有别，而对村民村事的价值预设也差异明显。比如，围绕同一个村落的民俗志表达，学者所感兴趣的是如何呈现其所理解的“村落”，往往是看了地方志、地图、家谱、碑记等以后，再去跟村民交流，有时候还会事先阅读相关论著。当今学者还会特别看重祠堂、庙宇、信仰仪式、巫婆神汉等，认为这代表了地方文化生态的完整性。对于村民而言，村落则是他们身在其中、终身归属的“家园”。曾记得在2002年，洼子村的几位村落精英接受村委会布置的一项任务，要向外来民俗专家介绍村落文化，他们将之分解成“村志”“民俗概况”“文化教育概览”三部分，分别撰文描述。显然，他们将“村落文化”理解为历史、民俗与“高层”文化（并视为本村的特色文化）等三大层面，这一分类颇有见地，对于我们今天理解村落及民众心态仍具启发性。

长久以来，中国乡村社会经过反复的礼俗教化，形成了基于农耕经济

① 张笃杰：“看了这书，外人还以为洼子村就知道整天烧香拜佛呢！”张笃杰，山东省淄博市淄川区罗村镇洼子村人，长期担任中小学教师、校长，现退休在家。

的社区共享传统，它以乡村公共利益的高度共享来实现乡土社会秩序的长期稳定，以社区节庆、生活礼仪、生产互助、乡规民约、信仰仪式等民俗传统为传承载体，构建起中华文明绵延不断的社会基础，也是支撑当代中国乡村可持续发展的重要文化资源。当代学者应服务当下中国社会发展的现实需求，扎根村落，深入传统，以此为基础提炼研究方法与理论，建构田野研究的中国话语。我们这套丛书愿意在这一学术方向上进行尝试，抛砖引玉。

最后还要说明的是，这套丛书写作时间正值暑期，尽管各位作者都有博士、硕士学位论文的研究基础，但因丛书定位所强调的视角转换，需要大量的补充调查，有的干脆是返工重做。今夏大热，感谢各位作者不避酷暑，按时完成撰写任务。因时间匆遽，本套丛书不尽如人意之处，敬请读者诸君批评指正。

张士闪

2017 年 8 月 31 日

前言

刘庆洪村位于鲁西地区，属于黄河冲积平原上的一个平原村落。创建村落者为山西移民，至今已有600多年的历史。村落创建以后，逐渐发展成为有3个家族的宗族村落。3个家族在历史上姻亲相连，和谐相处。

刘庆洪村距离聊城仅17公里，有聊牛路相通，受运河文化影响非常明显。另外，此村紧邻传统御道，即现今的105国道，交通十分便利。这种得天独厚的交通条件使村落形成了重商传统。村落里先后有窑厂、油坊、酒坊、茶食铺等，其中茶食是此村十分明显的文化标志。

茶食是一种历史颇为悠久的美食。自明清以来，鲁西地区茶食业生产颇盛，这与该地区处于运河流域而发展起来的商业有密切关系。一直到20世纪初，茶食业作为一大传统行业在当地延续下来。刘庆洪村"大兴斋"茶食铺原在聊城光岳楼附近的繁华地带。但随着运河的衰败，聊城的商业发展也受到影响，逐渐变得萧条。20世纪20年代，"大兴斋"茶食铺最终撤回乡下，在刘庆洪村落地生根，对周围村落的礼俗生活产生了深远影响。当地乡民认为茶食是一种贵重食品，称其为"上席果子"，并将其与隆重的礼节联系在一起，这使茶食的存在远远超出了一般点心所具有的美食意义。

茶食与当地村民的礼俗生活紧密相连，作为祭品和礼品被广泛施用于祭祀和亲友之间礼仪性的往来活动中，也用在婚丧嫁娶等主要人生礼俗上。20世纪以来，茶食在不同的时代有不同的表现。它在村民礼俗生活中的不同应用，实际上是伴随着当地礼俗的变迁而展开的。20世纪50年代以前，茶食在礼俗中的应用突出表现了妇女在婚姻家庭中的卑下地位；同时，由于当时村落的经济环境所限，茶食作为礼品仅适用于上层社会，与一

般村民有一定的距离。20世纪50～80年代，茶食在乡民礼俗中处于隐退的状态。80年代以来，村民经济条件得到很大提高，茶食铺也重新开张，茶食又再次出现在村民生活中，并与新礼俗结合，形成一套茶食礼俗的新模式。

本书尝试以"标志性文化"理念为指导，尽量客观地还原刘庆洪村落发展的历史进程、存在的状态、村民的生活模式以及村民对社会关系的经营和维护，希望对民俗学中"标志性文化"这一理念的实践作一个有益的补充。

刘爱昕

2017年6月

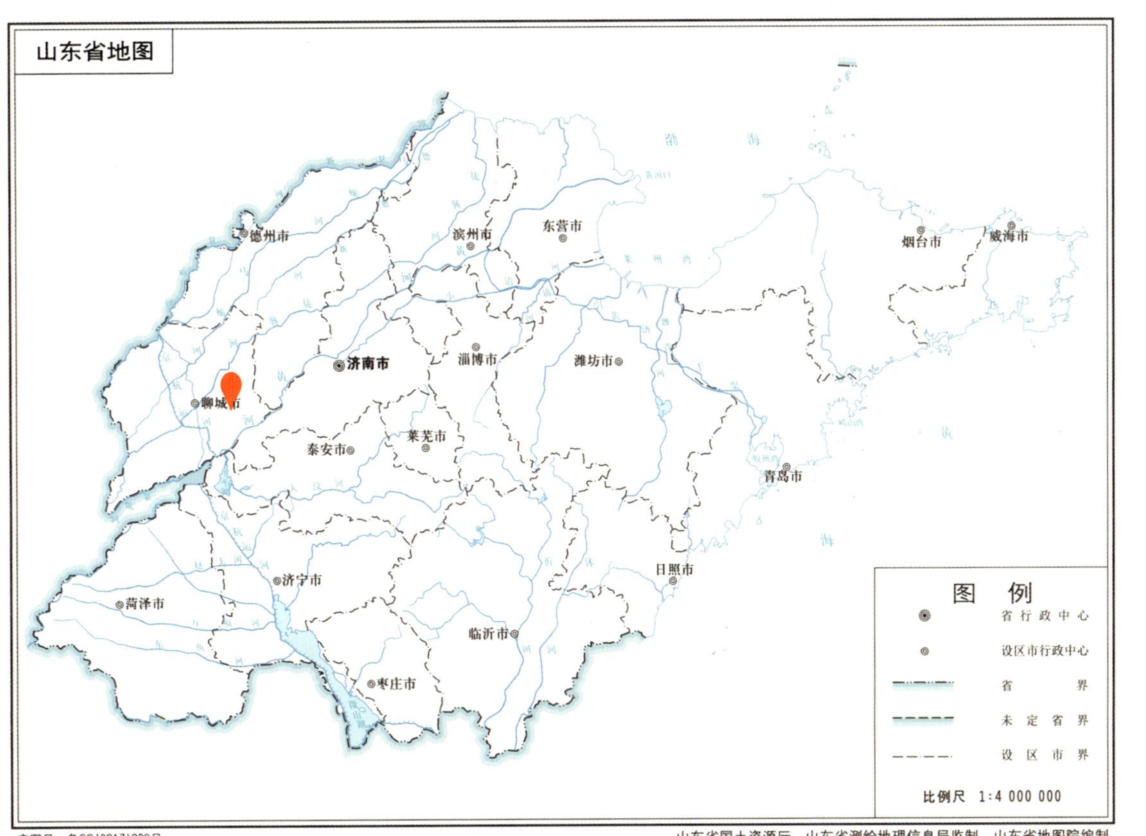

刘庆洪村地理位置示意图

目录

第一章
“鸡蛋壳落儿”庄儿

刘庆洪村地处山东运河区域的鲁西平原，现有人口520多人；不加耕地，全村仅占地0.08平方公里，在当地属于一个小村庄。它的邻村如南大吴村、崔海子村、赵庄、丁庄等的人口都有几千人。因此，外村的人往往戏称刘庆洪村为“鸡蛋壳落儿”，意思是指刘庆洪村的村落规模就像鸡蛋壳里面的空间那么大。在这样一个小小的平原村落里，村民世世代代按照自己的方式和秩序认真地生活着。

一、生存空间

刘庆洪村位于山东省聊城市茌平县乐平铺镇的西南端，距离镇驻地5公里。东南约3公里外的赵牛河从西南流向东北方向，属于黄河支流；向西大约3公里处有茌新河从南向北流过。茌新河是20世纪70年代挖掘的人工河，对当地排涝抗旱起了很大作用。村西南方向有与邻村共用的三十里铺分干渠，主要用来引黄灌溉。刘庆洪村北距茌平县城20公里，西距聊城市17公里，南距东阿县城9公里。因此，刘庆洪村虽然在行政上属于茌平县，而在历史上却与东昌、东阿联系密切。村东南2公里处为历史记载中的茌山，因其状如金牛，故近代以来当地称之为“金牛山”。茌平县的得名即由茌

山而来。“茌平”，意即茌山及周围的平地。《茌平县志》记载：“秦行郡县制，置茌平县，属东郡，治茌平（今韩集乡高垣墙村）。因县境在茌山之平陆，故名茌平。”[①]秦朝茌平治所的遗址即在刘庆洪村西南约5公里处的高垣墙村。因采沙和农耕的缘故，金牛山规模日益缩小，目前的金牛山实际上变成了一个大沙丘。不过，考古发现金牛山周围有龙山文化古城遗址。因而当地老百姓对此山心存敬畏，称其为“神山”，将其出产的沙土称为“神沙”。

刘庆洪村周围村落密集，共有8个邻村：东北方向是常海子村、崔海子村，相距1～1.5公里（因为这两个村庄几乎紧紧相连，当地村民通常称其为“崔常二海子”）。东南方向与南大吴村相邻，相距约1.5公里。南边与属于韩集乡的赵庄相邻，距离约1公里。西南方向是丁庄，距离约1公里。西北方向是小周庄，距离约1.5公里。北边是张李庄与朱庄，距离约2.5公里。这些村庄中，除了南边的赵庄以外，其他村庄行政上均归属乐平铺镇。

刘庆洪村的交通非常发达。村后有一条东西向的大路。在20世纪90年代以前，这只是一条土路，对当地村民来说仍然是一条重要的交通道路。它向西可以通往广平乡、东昌府，向东直连105国道。1994年，这条路被改修成了长约40公里的县级柏油公路，连接聊城和黄河岸边的牛角店镇，被称为“聊牛路”。2013年，这条公路又拓宽升级，改修为省级公路。2015年开始通车，被命名为“105省道”，连接济南、德州，向西直达聊城。这条省道双向六个车道，宽阔平坦，两侧绿化优美，为当地村民出行提供了极大的便利。

刘庆洪村后的105省道（原聊牛路）

① 山东省茌平县地方史志编纂委员会编：《茌平县志》，齐鲁书社1997年版，第63页。

2007 年的聊牛路

105 国道，右侧是旧 105 国道（即原来的大官道），左侧是新 105 国道

105 国道为南北方向，在村落东侧 1.5 公里处。这条国道连接德州与东阿，是北京到珠海国道中的一段。它原为古代“御道”，老百姓也称其为“官道”。它从北京直通南京，由北至南穿过茌平县城中心。因此，茌平县历来

处于交通要塞，在海运兴盛以前尤其如此。民谚“茌平，腰站[①]，姑娘三万”，就是来形容这一路段的繁盛。当地还流传着“从南京到北京，茌平衙门朝正东”的典故。说的是清朝康熙年间，浙江钱塘举人吴陈琰进京赶考时路过茌平，因生病住在了县城的悦来老店。一天傍晚，吴陈琰正在店中用饭，看见两个衙役大摇大摆地走进来。他们叫来酒菜，一边旁若无人地吃喝，一边讨论着是当县大老爷好还是当衙役好。其中一人认为当衙役好。在他的眼里，县大老爷整天脚不沾地，迎来送往，疲累得很，而当衙役则万事不操心，高兴了喝喝酒，缺钱了敲敲竹杠，比神仙还快活。两个衙役吃喝完毕不付账就扬长而去。吴陈琰看到这些很气愤，心想若有朝一日金榜题名，一定要到茌平做个县令，好好整治一下茌平县衙的风气。吴陈琰病愈后赶赴京城，却发现考期已过，便在前门大街以卖字测字为生，等待下届应考。他的一手好字很快便在京城扬名，翰林院也经常请他去写字。康熙皇帝看到后，也非常爱惜吴的才华，将其收作自己的门生。吴陈琰想起当初离开茌平的誓言，便向康熙请奏去茌平当县令。康熙非常诧异，便道：“茌平乃京城通向南京的御路必经之地，每天都有官员过往，单是迎来送往就疲惫不堪，何必去当那个县令呢？”吴陈琰一再恳求，康熙便道：“你既坚持要去，也罢。不过，你是朕的门生，这迎来送往的客套就免了吧。朕赐你半朝銮驾，把茌平的衙门改朝东开，面向御路，过往官员文官下轿，武将下马！”吴陈琰谢了圣恩，便前往茌平赴任。他到任后立即改变了县衙门朝向，把半朝銮驾摆在门边。在任期间，他从严治吏，茌平县变得官正吏廉，百姓得以安居乐业。这个典故从侧面反映了当时茌平县交通繁忙的景象。茌平县衙门朝东的传统也延续下来，时至今日，茌平县政府的大门依然朝东。

从茌平县治向南，每隔10里设置了一个铺舍，分别是距县治10里的兴隆铺、20里的安丰铺、30里的乐平铺，后来这些地方分别被称为“十里铺”“二十里铺”和“三十里铺”[②]。现在，这些铺舍早已失去了驿站的功能，乐平铺现为镇政府所在地，十里铺和二十里铺则成为普通的村庄。1931年，昔日的黄土御道被修成公路。中华人民共和国成立后，政府加强对公路的管理和养

---

① “腰站”，指现在德州市平原县的腰站镇，在茌平县以北，也曾是这条御道上的繁华重镇。

② 1982年7月，三十里铺改为原有名称“乐平铺”，但当地老百姓依然习惯称其为“三十里铺”。

护。1974 年，茌平县城和东阿县城之间的这段国家级公路建成 7.5 米的路基，并于 1975 年全段铺筑成沥青路面。2004 年，聊城境内的 105 国道改造，从茌平到东阿一段的路面被拓宽为 15～22 米。

21 世纪以前，刘庆洪村只有东西向的一条主街，主街往北只在西半部有半条街道与主街平行。沿主街从东向西排列着南北向的胡同，这些胡同长短不一，大致平行。

东头崔家胡同

村里新民居

迎门墙

堂屋传统布置

堂屋新布置

村内有三眼水井、三个水塘。三眼水井都在主街南侧，分别分布于村落东部、中部和西部。这曾经是村民唯一的饮用水源。三个水塘也分别位于村落东部、中部和西部。村民习惯将这三个水塘称为“庙坑”“学边坑”和“西头壕坑”。庙坑在村子东头，坑的北边是土地庙。中间的水塘被称为“学边坑”，是因为坑的西边紧邻村里的小学。西头的水塘被称为“壕坑”，是因为水塘的底部有一些壕沟。如果小孩子在这个水塘边玩耍，不小心滑入水底的暗沟，就极容易发生溺水事件。因此壕坑不太受村民欢迎，家长一般不让孩子们去那里玩耍。这些水塘与村民生活关系很密切。过去，村民将到水塘边去活动称为“到坑上去”。夏天很多人到水塘里游泳解暑，或在水塘边乘凉；冬天水塘结冰后，很多孩子到水塘上溜冰、打陀螺。20 世纪末期，村民们纷纷在自家院子里打井，上面安置手动压水机，用水更卫生、更便捷。因此，大街上的水井逐渐被村民冷落，去水塘边洗衣服的村妇也越来越少。进入 21 世纪后，很多村民扩建房屋，三个水塘面积逐渐缩小，最后被完全填平，上面建了房屋，目前已经看不到水塘的痕迹了。笔者也向村民了解三口水井的现状。村民说，三口井还在，只不过为了安全起见，用石板把井封上了。由于房屋的扩建，村里现在有东西向三条主街，南北向两条主街。

村里的水坑

村落东南角

村落四周均有排水沟渠。沟渠边沿及路边上曾经遍布紫树槐。紫树槐是一种灌木,一丛紫树槐可以长出十几个甚至几十个枝条。它的叶子与槐

树叶相似，枝条上没有刺，如手指粗细，柔韧不折，村民多用来编篮子（包括生产生活中常用的挎篮、背篮和抬篮）、编粮囤以及地排车上的挡板。紫树槐也曾经是孩子制作玩具的材料，如草帽、花环等。随着周边道路的拓宽，现在的路边已看不见紫树槐，只在沟渠边还稀疏散落着一些，已经很难引起大人和孩子们的注意了。

村落周边空地及近村田地里有很多树木，多为枣树、杨树、榆树、槐树、柳树、香椿树。20 世纪 90 年代及以前，村里的主要树木是枣树。茌平及周围的聊城、东阿、阳谷、高唐等地种植枣树的历史悠久。明清时期以来，与粮田间种的枣树已是成林成片。大枣在茌平为“百果之冠”，历代被列为皇家贡品。茌平大枣品种名为“圆铃大枣”，其状似圆铃，个儿大，色泽嫣红，肉厚核小，香脆甘甜，营养丰富，当地人称之为“红琉琉儿”。从 20 世纪 80 年代后期开始，围绕村庄的枣树林开始明显减少。主要有以下原因：第一，关于枣树的所有权时有纷争。枣树根系小，对农作物影响不大，当地有枣粮间作的传统。自 1981 年实行土地承包责任制以来，为了平衡村民之间的利益，责任田常常四五年就调整一次，这样农田里的枣树就有归属不清的问题，打枣期经常发生争抢现象。村民认为自己田里的树木将来有可能成为别人的，因此就疏于管理，甚至为避免纠纷干脆就将成熟的枣树砍掉。第二，村民在村庄的外围扩建住宅，砍伐了一些枣树。第三，过去几年，枣树发生病害，无法治愈，村民只好毁掉了一部分树木。这种病实际上是“枣疯病”。患了病的枣树不再开花，本该发育成枣花的萼片花瓣、花蕊发育成小叶小枝，枝叶丛生，看上去乱蓬蓬的，像疯了一样。“疯了”的枣树不再结果实，就算结些果实，也多是畸形且口感极差。这种病极易传染，又很难治愈，被称为枣树的“癌症”。因此，一旦有枣树得了“疯病”，村民就直接将其砍掉，很多枣树就在这场“疯病”中消失了。现在的村民在植树时倾向于种植速生杨，而不是生长缓慢的枣树。村里目前还有零零星星的几棵枣树，主要是在村民自家的宅院里或者宅场荒[①]地上。

① “宅场荒”，即村民自己祖上留下来的荒地，多在村庄的周围。村民一般是在宅场荒上种树，也是备用的宅基地。自 1998 年起，村里将村民的宅场荒地全部收归集体所有，再根据自愿原则进行承包，期限是 20 年。

村民院落里的枣树

刘庆洪村所处的地区属黄河冲积平原,地势平坦,土层深厚。耕地环绕村庄,村后、村东为黑土地,属于重壤土,保水保肥能力强,但是易受水涝灾害的影响;村南、村西及村西南为白土地和盐碱地,容易遭受干旱的危害。村民按照地理方位,将村落周围的田地称为家东、家西、家前①、家后②、家北③、东北、西北、西南和东南。当地属温带季风区域大陆性气候,四季分明,温度适中,光照充足,雨热同步,无霜期长。年平均气温为13℃左右,年平均降雨量为603.2毫米,无霜期平均为193天。其气候特点是"春旱多风,夏热多雨,晚秋多旱,冬季干寒"。这种气候适合农作物生长,尤其适宜种植粮食和棉花。

二、家族渊源

刘庆洪村属于比较典型的宗族村落。村民共有三个姓氏:刘姓、崔姓和贾姓。祖辈上存在着姻亲关系。三个姓氏中,刘氏家族人数最多。据2016

① "家前",指的是村落南边的耕地,距离村落比较近。

② "家后",指北面靠近村落的耕地。

③ "家北",指村落北面距离村落较远的耕地。有时村民会说"大家北",指村落最北面的地块。

年统计，刘姓家族有82户，共292人；崔姓家族有45户，共183人；贾姓家族有12户，共45人。除了个别由外地嫁入的媳妇，村民均为汉族。各姓氏家族基本上是聚族而居；通常是血缘关系越近，居住距离就越近。村民们还通常利用聚居人家的姓氏来命名一些居住地点，如刘家大胡同、贾家胡同、东头崔家等。

（一）刘姓——刘庆与刘洪

关于村庄的来历，村民都认同刘庆与刘洪两兄弟立村的说法。据说，刘庆与刘洪兄弟两人来自山西洪洞县，后迁居此地，开垦荒地，创建此村，并以两人的姓名给村落命名，遂称此村为“刘庆洪村”。当地有以人名来命名村落的传统，比如“西南有个刘望海，东北有个刘望山”，指的是在村庄西南方向有个村庄名叫“刘望海村”，在村庄东北方向有个村庄名为“刘望山村”。据村民说，刘望海和刘望山也是兄弟两人，他们从山西洪洞县迁入茌平后，分别立村。据统计，茌平县共有46个村庄以人名命名。至于具体的迁出地，有的村民认为是山西洪洞县大槐树村，有的则认为是山西洪洞县大柳树村。现今村民生活中也保存着洪洞移民的一些痕迹。比如：村里曾有很多早期种植的槐树和柳树；村民至今依然过寒食节；村民将去厕所称为“解手”，将大、小便分别称之为“解大手”和“解小手”。

刘氏家族目前依然保留着一通古老的族谱碑。这通古碑镌刻于明代天启五年（1625年）。由于人为破坏，碑文字迹现已斑驳不清，但可以明显看出其上有“原籍山西洪洞县人自洪武贰拾伍年迁移山东东昌府茌平县入籍”等字样。据《明太祖实录》记载，洪武二十五年有彰德、卫辉、广平、大名、东昌、开封、怀庆七府移民共五百九十八户。当年“所收谷粟麦三百余万石，棉花千一百八十万三千余斤，见种麦苗万二千一百八十余顷。上甚喜曰‘如此十年，吾民之贫者少矣’”。其中的东昌府当时领三州十五县，其中就包括茌平县，与村里的家族碑刻记载正好相符。对此，《茌平县志》也有明确记载。根据县志，元末时期，地处中原的茌平县屡遭兵祸战乱，原有居民“十不存一二”。明朝初年，为恢复中原地区的生产，从山西及山东的登州、莱州和青州往外移民。山西的移民多数在洪洞县集中后往外迁移，被称为“洪洞移民”。现在的茌平居民多为上述移民的后代。

根据刘氏族谱古碑，刘氏家族自明洪武二十五年（1392 年）第一代迁到东昌府茌平县，距今已有 625 年的历史。在刘氏家堂谱上，刘庆与刘洪为三世祖，其上有太始祖刘仲德，二世祖刘三老、刘四老。从太始祖刘仲德起，繁衍至今有二十三世。村民对刘庆和刘洪的名字很熟悉，但是鲜有人提到太始祖刘仲德。刘氏家族曾经存有老谱，遗憾的是，老谱在 20 世纪 60 年代被毁坏。很多村民因此没有机会看到刘氏的家堂老谱，即使看过老谱的人也无法记起其中的内容，现在刘氏家堂族谱上的世系是根据现存的族谱碑记录下来的。不过根据当时明代移民律例，同姓同宗不能居住一地。如当年刘望海和刘望山两兄弟迁到茌平后便分居两地，分别建村；甚至有的兄弟为了同居一地，其中一人要改换姓氏。另外，从其他姓氏的山西移民族谱来看，皆以迁居的第一代为始祖。因此，可以推测刘氏家族应从太始祖刘仲德起便迁至此地，至第三代刘庆、刘洪才创立刘庆洪村。刘氏子弟刘忠水曾去山西洪洞寻祖，但是没有找到祖先源流。

从家堂族谱上来看，刘氏家族前四世名字多为单字，如刘庆、刘洪、刘会、刘汸。从第五世开始按世次起名，依次为：文、世、自、派、奎、坤、奇、可、登、宗、法、长、凤、绍、玉、忠、光、怀、德、希、兴、悦、永、恒、雯。目前繁衍至第二十三世“德”字辈。

刘氏家族家堂谱记载刘庆、刘洪为第三世

刘庆洪村的村民一般是聚族而居。村民将家族的分支称为"院"。刘氏家族目前分为四支。其中两个支派人数最多,在居住上占据了村子的西半部,并向村落的南北两向扩展。这两个支派实际原为一支,直到1980年才在当时的族长刘绍全提议下分为两支。据刘姓村民说,西头的两院原为一大院,人丁旺盛,人数越来越多。后来大家觉得家族人数太多,红白喜事的活动不好组织,就从十六世以下分成了东、西两个小院。家族里的老人都还记得,在刘玉魁的老伴儿迟氏去世时,大院就分成了东、西两院,那一年正好是1980年。在刘庆洪村的中部是刘氏另外一支,有村民推算其中居住的应是老大刘庆的后代,其依据是他们居住的方位靠东。按传统来看,东边为上首,应是老大的家。同时,同一世次的族人中,中部一支的人年龄往往偏大。村庄的东部还居住着另外一支刘氏族人,这个支派人数较少。据村民回忆,这一支派与中部、西部的刘氏并非同一祖先,也无法考证其何时迁入刘庆洪村。

(二)崔姓——住姥娘门

崔姓于清朝康熙二十三年(1684年)从茌平县三十里铺东的大崔庄迁入刘庆洪村。谈起家族来历,村民崔锡贵说:"我们崔家是住在姥娘门上。"这个观点也得到多数刘姓村民的认可。村民刘忠友、刘忠祥说,刘家祖上有个老姑奶奶嫁到了大崔庄,刘家与崔家是亲戚。崔家来到刘庆洪村是住姥娘家,崔家与刘家的村民可以论辈分称呼。刘家的"绍""玉""忠""光""怀"字辈分别对应着崔家的"以""德""玉""锡""庆"字辈,在生活交往上不能错了辈分。村民中,"刘忠×""崔玉×"属于平辈分的人,生活中以兄弟相称;"刘忠×"与"崔锡×"则以叔侄相称。

根据崔氏族谱所示,其祖先也是山西洪洞人,于明朝洪武五年(1372年)迁出。族谱记载,崔氏原在山西洪洞县大柳树村居住,有兄弟八人。当时山西民众不愿离开故土,官府就制定移民政策,将百姓人口按比例迁徙。崔氏八兄弟中有五人迁出,三人留养在家。长友直在山西留养,次友闻迁居京南,三友安迁居安徽,四友谅、五友宁迁居茌平城南,六友白在山西留养,七友章迁居东阿,八友文在山西留养。崔氏迁居茌平县城南,先以古车庄为家,随后子弟遍及茌平以南的大崔庄、小崔庄、崔海子村、刘庆洪村、张会所

村等村庄,"传家唯忠厚,继世以诗书",成为茌山望族。崔氏子弟人才频出,如祖先冠玉公、永承公曾为钦赐国子监学正,凌云公品学卓越一时,声传后世。所谓"水有源,源远流长;树有根,枝繁叶茂",崔氏重视家族源流,将修谱列为家族大事。自清道光十九年(1839 年)始修族谱,至今共 5 次。第二次修谱在清同治五年(1866 年),并由知县朱学程作谱序。第三次修谱在清光绪九年(1883 年)。这次修谱与东阿大林崔村崔氏进行了通谱,并在辈次"文、长、兆、以、德、玉、锡、庆、传、廷"以下增续十字"绍、元、维、景、学、名、正、恒、相、清"。第四次修谱是在 1934 年。此次修谱确认东阿大林崔村崔氏祖先友章与茌平城南崔氏祖先友谅、友宁为同胞兄弟,虽处两地,实为一家。因此第四次修谱进行了合谱。第五次修谱是在 1989 年,距上一次修谱已经有 50 余年。期间社会变迁剧烈,族人深感续谱的必要性,遂于 1988 年冬天开始着手第五次修谱事宜,至 1989 年 4 月完毕。

居住在刘庆洪村的崔氏家族为茌南崔氏第五世科的后代,称"科公派"。崔科共有三子,分别为九经、九思和九畴。次子九思长孙持权娶妻刘氏、贾氏,有五子。刘氏的娘家即刘庆洪村刘氏家族。五子分别是完璧、用中、执中、蕴璧和洪璧。从家谱来看,完璧、蕴璧和洪璧之母应为刘氏。蕴璧之妻为李氏,育二子振英、奋英,为崔氏第十世。当时的习俗是,孩子常住姥娘门上,振英、奋英跟随奶奶刘氏住在刘庆洪村,而刘氏即为刘氏家族后人口中的老姑奶奶。据刘庆洪村崔氏村民说,应是大崔庄崔氏家族人口众多,致使土地稀少,于是十世祖振英、奋英于康熙二十三年(1684 年)迁居刘庆洪村。振英一脉到十三世都是单传,十三世合育有三子,即十四世文魁、文恭、文平。长房文魁下传十五世长庚、十六世兆义、十七世以安、以太。奋英一脉传到十三世有纯、渊、润兄弟三人,但是十三世公纯、润皆乏嗣,唯崔公渊下单传十四世文祯,文祯下又单传十五世长临。长临育有三子,为十六世兆泰、兆新、兆宽。兆新育有四子即十七世以敏、以礼、以信、以仁;兆宽下有九子,分别为以忠、以恕、以恩、以香、以成、以惠、以德、以瑞、以端;长房兆泰无子,由兆新长子以敏、兆宽长子以忠承嗣。崔氏自第十世振英、奋英兄弟两人迁居刘庆洪村,到第十七世发展成一个大家族。家族拥有自己的商号"全

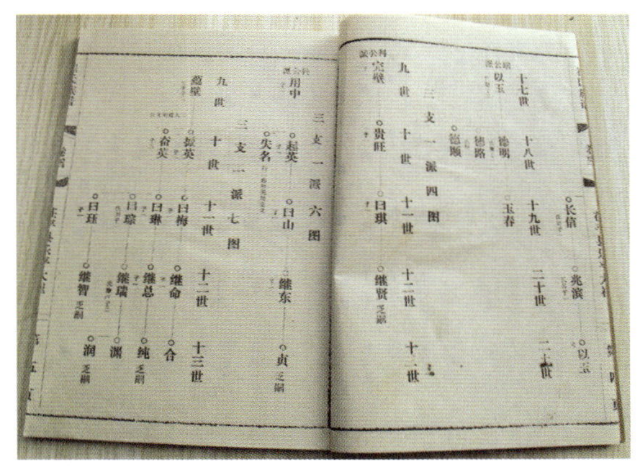

崔氏族谱记录第十世迁入刘庆洪村

盛勇”，开设酒店、油坊。族谱记载，十五世祖长临被授予“耆宾”[①]名号；十六世祖兆宽被选举为介宾。家族成员团结重义，集体分配劳动，集体用餐，由妯娌们轮流做饭。吃饭时由于人口众多，需要敲梆子提醒。至今，崔氏后人崔锡禄提起家族往事，自豪之情溢于言表。

现在崔氏家族分为东、西两院。兆新以下四个兄弟及后人为东院，兆宽以下九个兄弟及后人为西院。崔氏后人说，十四世祖文祯曾请人看风水，想寻找一块风水宝地安置家族坟茔，最后将家族茔地确定在村东南。据说，此后崔氏家族就开始逐渐发达。目前，村东南坟茔上仍可见一块清光绪九年(1883年)镌刻的残碑，上面刻有崔公文祯的名讳。

(三)贾姓——也是亲戚

清朝中期，贾氏家族从刘庆洪村以南1.5公里处的贾庄迁来，定居在村落中部，基本在刘氏两大支派中间。

据说贾氏家族与刘氏也是亲戚。因为这层关系，贾氏家族才迁居此地。但具体是何种亲戚关系，贾氏后人已没人能说清楚。刘氏与贾氏之间可以按辈分称呼。贾氏世次辈分“景、阳、立、乾、元”，依次与刘氏“风、绍、玉、忠、光”平辈。目前，贾氏家族分支有阳忠派、阳成派和阳宗派。

贾氏家族也有自己的商号，名为“大兴斋”。

① “耆宾”，源自古代乡饮酒礼制度。清代时，每年各地方州县遴选德高望重的乡绅老者，按等级分为耆宾、介宾、众宾，按姓名、籍贯逐级上报，经审核批准后，授予名号，并受邀于正月参加乡饮。

三、通婚状况

2007 年端午节街头访谈

村落中除了家族关系外，另一种重要的关系就是姻亲关系。刘庆洪村的通婚圈主要是在方圆 5 公里以内，但由于其交通便利，也有不少姻亲辐射到 5 公里以外。

村落有俗语："闺女儿不远寻[①]，远了不算亲；三五里正好，十里偏远了。"此外，未出嫁的姑娘还有一个饮食禁忌：吃饭时，未婚女子拿筷子时，手不可离筷子顶端太近。如果出现这种情况，家里老人就会给予纠正，并告诫说"夹筷子手离得那么远，难道想找个远婆婆嫁啊"。亲友在一起吃饭时，也常看女孩子夹筷子的位置，以此判断她们将来婆家的远近。这种传统和过去媳妇在婆家的地位低有关。村民说，过去媳妇在婆家经常受欺负。如果闺女嫁得远了，受了欺负，娘家人也无法知道，也就没法替闺女出气。另外，在秋收秋种以后、正月十五以前，娘家人通常要接闺女回家，农忙和过节时再送回婆家。如果闺女嫁得远，就会很不方便。

当地缔结婚姻主要依靠亲戚朋友提亲，没有专门以说媒为主业的人。村内各家族都有自己的姻亲关系网，所以各家族的姻亲关系分布也不同。根据笔者 2007 年的调查可知，刘庆洪村三个姓氏与外村的通婚情况如下表所示(仅为村中现存人口状况)。

---

① 寻，当地方言，音 xín，意指姑娘找婆家，也指男子娶媳妇。如"寻了个好女婿"或"寻了个俊媳妇"。

刘庆洪村三个姓氏与外村通婚人数统计

外村名称	与刘庆洪村距离（公里）	刘氏	贾氏	崔氏
南大吴村	1.5	22 人	3 人	17 人
大徐村	3.5	9 人		6 人
大尉村	3	6 人	1 人	6 人
张李村	2.5	6 人		7 人
常杨村	7.5	1 人		4 人
颜庄	4	3 人	1 人	2 人
铜城北关	9	1 人		1 人
赵徐村	9	2 人		
小崔庄	2.5	3 人	2 人	
宋庄	3.5	4 人		
常海子村	1	4 人	2 人	2 人
木刘村	3	7 人		2 人
丁庄	1	2 人	2 人	3 人
崔海子村	1.5	4 人	1 人	5 人
三十里铺	4	4 人	1 人	2 人
教场铺	2.5	2 人	1 人	3 人
小李庄	2	2 人	1 人	1 人
迟桥村	4	2 人	1 人	3 人
韩阁村	4.5		2 人	
石海子村	3	4 人	1 人	
贾庄	1.5	3 人		1 人
大赵村	7	5 人		
门李村	5	1 人		2 人
枣杨村	6	1 人		2 人
路庄	7	2 人		1 人
焦梁村	6			1 人

续表

外村名称	与刘庆洪村距离（公里）	刘氏	贾氏	崔氏
庞庄	2			1人
蒋庄	5			1人
刘望海村	3	2人	1人	
杠子王村	3	3人		
陶海子村	2.5		1人	
阳谷县			1人	
铁嘴吴村	4.5	1人	1人	
付庄	4.5	1人		
仇陶村	3	2人		
堂子村	5	2人		
小周庄	1	1人		
茄李村	7.5	1人		
北大吴村	6.5	1人		
大马庄	6.5	1人		
西韩集村	4.5	1人		

从上表来看，刘庆洪村的通婚圈主要在5公里以内，而且各个家族与南大吴村通婚最多。南大吴村距刘庆洪村1.5公里，是当地的一个大型村落。刘庆洪村姊妹、堂姊妹、姑侄共同嫁入南大吴村的情况特别多，南大吴村也有很多姑娘由亲戚介绍嫁入刘庆洪村。

随着社会的发展，村里的通婚状况也有了一些新的变化。比如，青年男女通婚不再局限于传统5公里的通婚圈，扩展到了烟台、安阳、平阴、泰安等地，“闺女不远嫁”的思想也不再那么强烈。这主要是因为现在的青年男女有共同接受教育的机会。他们不再将自己的未来仅仅局限于土地上，而是纷纷走出村落，到外地求学或打工。近些年来，茌平的工业发展很快，有热电厂、电解铝厂、味精厂、毛巾厂等，吸引了不少年轻劳动力。他们在打工的过程中，有机会结识自己的另一半。此外，网恋也成为年轻人婚恋的另一个重要途径。现在很多村民已经实现了互联网入户，除了从网络上接受信息外，年轻人也喜欢网上交友。村里有一崔姓姑娘高中毕业后，通过上网结识了远在泰安的男友，两人最后结婚。村民对这种新的婚恋形式并没有表现出很大的抵触情绪。

刘庆洪村一直恪守同姓不婚的族规，历史上没有当庄结亲的传统。村里老人都讲，过去不找“当庄婚”[①]，主要是因为村子小，村里人都是亲戚，结亲的话面子上不好看。但是从 20 世纪 70 年代开始，村里实行集体劳动，出现了自由恋爱的情况，旧传统遭到了挑战。第一对自由恋爱的当庄婚是刘忠月和刘忠玲，他们结婚的年代大约在 70 年代中期；随后又有崔锡庆和刘怀清、刘忠民和刘秀荣、崔锡臣和刘春清、崔立新和崔金菊。同姓结婚的刘忠月夫妇、崔立新夫妇都曾遭遇过家族族长的阻拦，但是新时代下的年轻人对于自己的婚姻有了更大的掌控能力，两对夫妇最后都突破了阻力而结婚生子。

自国家实行计划生育以来，村里只育有女儿的家庭很常见。到 21 世纪初期，第一代计划生育的子女已到婚嫁年龄。只有女儿而没有儿子的人家，从旁支过继儿子的观念也淡薄了，都倾向于将其中的一个女儿嫁在本村，将家产留给女儿，依靠女儿来养老，但这种情况多是不同姓氏的家族联姻。到 2007 年，村里的当庄婚共有 9 对。

除了当庄婚，村里还存在过一种称为“换亲”的联姻方式：一些家庭家境比较贫困，或者男子有某些缺点，娶媳妇就比较困难。在这种情况下，他们就与有相似情况的家庭联姻。这种联姻都是与外村进行，通常是三个或三个以上的家庭换亲，没有两个家庭对换的。这样的家庭大多生活条件不好，相互之间免要彩礼。

到目前为止，村里出现过两次离婚高潮。第一次是在 1950 年，我国通过了第一部《婚姻法》。《婚姻法》明确规定婚姻自由，男女平等，禁止包办、买卖婚姻和其他干涉婚姻自由的行为。据村里老人们讲，当时离婚特别容易，甚至成为一种风潮；女方只要到民政部门投诉说自己是包办婚姻、夫妻不和，没有离不成的。第二次离婚高潮是在近十年间。原因多是丈夫在外打工，夫妇二人聚少离多，因感情淡漠而离婚。

① “当庄婚”指同村的青年男女结婚。

四、村落治理

1947年,在平县全境解放。刘庆洪村在中国共产党的领导下,成立了农民协会委员会,简称“农会”,由刘凤玉、刘玉魁、汪振河领导。刘凤玉和刘玉魁都是本村贫民,汪振河原是临清人,一路乞讨来到刘庆洪村,并在村里落户。当时农会的重要工作是根据党的政策,按照家庭财产的多少,为各户村民划分家庭成分,领导土地改革。全村共划分出贫农72户、下中农15户、中农13户、富农8户、地主2户。地主、富农主要是崔姓家族,而贫农主要是刘姓家族,因此村里流传着“崔家财主多,刘家长工多”的说法。农会将土地拿出来平均分配,贫下中农得到了土地,实现了“耕者有其田”。据村民讲,当时村里最富有的是崔以惠家。崔以惠在崔家十几个兄弟中排行老七,为人精明,人称“七猴子”。崔以惠实际育有两子,次子崔德祯过继给了其兄崔以恩。崔以恩比一般的穷人要富裕一些,但是比崔家的富户要差一些。有村民回忆,崔以恩主动将自家的一部分财产、土地缴纳归公,最后村里将其家庭成分划分为下中农。除了给村民分地以外,农会还征公粮养部队,动员青年参军,帮助人民政府征兵。村里若有因分家或其他事情发生纠纷的,农会还会主持公道,协调解决矛盾。村里有民兵连,负责治安。

土地改革结束后,村里成立了互助组。村西头刘家大院属于一个互助组,刘少明当组长。农忙时,乡亲们相互帮助,互惠互利,或共同劳动。1954年,村里成立了初级农业合作社,村民称之为“初级社”。根据自愿原则,村民们把自己私有的耕地、牛、驴以及大型农具如耕犁、耙、播种机等交到社里入股。这些土地、畜力和生产工具由合作社统一管理和使用,入社的村民会根据缴纳的土地数量得到一定的分红,耕牛及生产工具等实行折价补偿,收获后再按劳分配。初级社的组成机构里有社长、记工员和普通社员。当时村里有东、西两个初级社,全村人都加入进来。西边社主要由刘家组成,东边社主要由崔家组成。周围村庄也成立了初级社,单干户很少。邻村南大吴村是个大型村落,整个村只有一家单干户。1955年,刘庆洪村与丁庄、小周庄、常海子村、崔海子村、南大吴村联合成立高级社。1958年,人民公社成

立。刘庆洪村与丁庄、小周庄、崔常二海子①联合成立一个生产大队，大队书记是崔海子村的张成安。自此，整个大队发挥集体优势，将耕地划方连片，对其进行统一分配和管理，并挖沟修渠，兴修水利。

从初级社、高级社一直到人民公社成立，村民过了几年温饱有余的幸福生活。据村民们回忆，在中华人民共和国成立前，全村有 50 户，共 364 人，外出逃荒要饭的有 12 户，干长工的有 42 人，很多人被迫打短工，半数以上的村民达不到温饱水平。初级社成立以后，由书记、队长统一安排，农民集体劳动，各尽其能；村里建有大食堂，村民们可以在那里免费吃饭；幼儿园、学校也建立起来，孩子们可以去上学。

1962 年，刘庆洪村成为独立的行政村，由贾立诚任大队党支部书记，刘玉林任副书记和大队长。当时生产大队的管理班子成员还有大队会计（村民习惯称“大队文书”）、治保主任、民兵连长、贫下中农协会主席（简称“贫协主席”）、妇女主任、青年书记。贾立诚任书记期间，对村庄进行治理，建立了文化室 3 间，打灌溉机井 3 眼，并购置了粉碎机等生产工具。1970 年，村里的青年书记刘玉路出任党支部书记。自此，刘庆洪村的党支部书记和大队长（后来的村长）都是由一人兼任。刘玉路任职期间，领导村民对全村的土地、道路和沟渠进行了大规模治理，使土地成方格，沟渠成网络，道路两旁树木成行。

村里原来没有医生。村里有人生病就请个“神妈妈儿”②扎针或拔罐，或者用白菜疙瘩煮水喝。有重病时，就跑到邻村南大吴去请医生。1968 年，刘庆洪村建立了第一个卫生室，村里从此有了自己的医生，被称为“赤脚医生”。村里第一个赤脚医生是俄翠逸，20 世纪 60 年代从东阿嫁入本村，初中学历，在当时属于知识青年。经过大队推选，她曾到三十里铺医院学习，并获得了乡村医生资格，可以接生新生儿、为病人打针等。后来还有另一名村民刘忠祥也成为本村的赤脚医生。他们为乡亲们服务 20 多年，现在早已退休，但村民们仍十分感激他们在那个年代的辛勤付出。

随着社会的不断发展，村里的生产工具也一直在更新换代。在 20 世纪

① 崔海子村和常海子村这两个村庄紧紧相邻，两个村庄名称接近，村民常将两个村庄合称“崔常二海子”。

② “神妈妈儿”，当地方言，又称“神老妈儿”，指巫婆、神婆。

50年代前后，主要耕种农具有木犁、木耧、大镢头、锄、榔头、三齿、六齿耙、三齿叉等，村民多用辘轳、水斗从水井里取水，运输则以独轮推车、牲畜驮、人肩挑为主。60年代开始使用双铧犁、七寸步犁、二角耧、三角耧、耘锄，灌溉使用水车，运输多使用地排车、驴车、马车等。70年代后期，仅用畜力已无法满足农业生产，大队先后购入3台拖拉机，分配给3个生产小队每队1台，主要用于灌溉、耕地和田间运输。到1983年，村里开始实行家庭联产承包责任制，村民的生产积极性有了极大提高，农业生产面貌发生了很大变化。这一时期，刘庆洪村扩大了棉田种植面积，棉花产量在全公社创下最高纪录，人均收入在全管区名列第一。为此，三十里铺公社党委奖励刘庆洪村生产大队一台12英寸的牡丹牌黑白电视机。1984年全村通电。家家户户都用上了电灯，大街上安装了路灯，机井也拉上了电线，用电机灌溉农田。1985年，崔锡银任党支部书记。不久，村里响应上级指示，开始实行两田制，村民耕种的土地被分成口粮田和责任田。在上级倡导多种经营的政策下，1995年冬天，村里建起冬暖式大棚34个；1997年，冬暖式大棚又增加20个、大拱棚80个。从此，刘庆洪村的农业种植模式由一年一季棉花、两季粮食转为蔬菜大棚和两季粮食。虽然棉花的种植量大幅度减少，但是凭借蔬菜大棚，村民的收入反而比以前有所增加。这一时期农业生产机械化程度也有了很大提高。据统计，到1995年，全村拥有各类拖拉机15台，柴油机24台，电机12台，小麦播种机3台，玉米播种机2台，小麦收割机2台。

1988年，乡村选举开始在全国范围内进行，村落管理进入村民自治阶段。刚开始几年，刘庆洪村村民的自治意识不强，对于村干部的选举并不热心。而且，多数村民认为土地已经承包到户，怎么干活是各家庭自己的事情，村里的干部对村民家庭事务没有多大的干涉力度。2002年，村党支部和村委会又一次进行改选，这也是刘庆洪村村民第一次真正意义上的自由选举。此时的村民开始将个人家庭与村落、社会、国家联系在一起。他们清楚自己的政治权利，也意识到了选举权的重要性。他们从个人、家族和村庄的利益出发投票选举村委会主任，因此，此次选举竞争比较激烈。经过较量，最终刘忠林当选为村委主任，兼任党支部书记。这一时期，村里继续发展大棚种植业。2005年，在村委组织下，村里的主街以及村庄东、西两侧通往外界的两条土路都铺成了石渣路。东、西两条土路一直以来都是刘庆洪村通往村外的主要通道，但是每遇雨雪天气，道路就会泥泞不堪，影响村民通行。刘庆洪村党支部和村委通过出售公用地的使用权和发动本村在外务工人员（男性）捐款两种方式，将这条路铺成石渣路，从而解决了村民雨雪天出行困难的问题。

修路捐款碑记

修路捐款人名单碑记

2013 年村委会改选，崔立新当选为村党支部书记和村委主任。崔立新是高中学历，1985 年跟随家人从东北回迁。他头脑灵活，做事果敢，是村里第一批获得驾驶证的人。平时除了种地外，他还从事货物运输，村民都比较信任和认可他。最终，他以高票当选为村党支部书记和村委主任。在任期间，他组织人员整修了村里的街道，进一步解决了村里的交通问题，受到了村民的一致称赞。

村里的宣传标语

刘庆洪村目前有两条东西向的街道。其中的北街是在村落扩建中修整的新街道，而南街则是原村落的一条老街。刘庆洪村老街不通是一个历史遗留问题。20 世纪90 年代中期，村管理班子想规划一下村落布局，其中的一项重要工作就是把原来弯弯曲曲的主街从东向西修直。有一些村民的房屋和院落就处在规划后的主街道路上，因而这些房屋和院落就面临着拆迁问题。从村东头开始，宅院处在规划街道上的几家村民都比较配合，自动让出街道；但是到了村落西半部，街道修直工作受到了很大的阻碍。有一户刘姓村民不想搬迁另盖宅院，并以此向村委提出种种条件。村委无法满足他的无理要求，这家村民的院落就堵住村里主街长达 20 年，将街道隔成东西两半，车辆无法通行。崔立新上任后，就决定解决村里的街道问题。2013 年，村后的聊牛公路拓宽升级，村落北部一些村民的房屋院落需要拆迁。村内就为这些村民重新划了宅基地。村支书崔立新允诺让村里主街上的“钉子户”优先挑选宅基地，并将地理位置最好的地块划给这户人家。但是这家刘姓村民又额外要求村里为其盖好房屋，或者支付其一大笔赔偿金。村委与其谈判多次后，仍没有达成一致意见。2015 年，村委向上级申请，将村内街道和入村道路进行硬化处理。以崔立新为首的村委决定这次一定要打通村内的街道。经过谈判，刘姓村民一家最终同意搬离、让开街道，多年阻塞不通的街道终于从东向西畅通无阻了。经过规

划，村内的主街道改为南北向两条、东西向三条。街道修好后，由专职村民打扫卫生，村民们也更加注意保护环境，村内的卫生条件有了很大提高，村落面貌焕然一新。另外，崔立新又领导村委建立了村委文化大院，村民开展活动也有了去处。平时村民开会、跳广场舞都在村委大院进行。

原村落老街

新规划的北街

村落最南端道路

刘庆洪村委会大院

目前，刘庆洪村委会管理班子包括党支部书记、村委会主任、村委会副主任、村委委员、村文书。党支部书记和村委会主任由崔立新兼任，全面负责村里的工作，如村民生产、生活上的大事以及收支计划等。村委会副主任由刘忠强①担任。刘忠强为退伍军人，负责村落治安。村委委员吴立新主要负责妇女儿童工作，包括妇女查体、计划生育和村民文化生活等。村文书由刘忠强担任，负责安排村里的收支情况、上级的专款专用和统计工作等。

① 村委副主任和村文书重名，是两个人。

第二章 生　计

当地村民勤劳质朴，恪守本分，世代以农业为主业。村民耕地人均不到2.5亩，因此都是精耕细作。传统上主要粮食作物是小麦、玉米和大豆，经济作物是棉花。在实行家庭联产承包责任制以前，村里的土地属生产队所有。生产队实行统一管理经营，按人口分给每个家庭一定数量的自留地。自留地的面积很小，一般只有几分地。村民通常种植茄子、辣椒、豆角、北瓜、大葱、大蒜、白菜等蔬菜供自己食用，有的还种植烟叶和用于草编的棉草拿到集市上去卖。土地承包以后，各家的土地分类为粮田、棉田和菜地。但菜地通常费心、费力又费时，很多家庭不再保留菜地，而是购买蔬菜食用，菜地逐渐消失。20世纪90年代中期，有不少村民开始种植大棚蔬菜。目前村里的耕地结构为：粮田1013亩；林地50亩；大棚128亩，其中冬棚48亩，弓棚80亩。

冬暖式蔬菜大棚

村民经营的弓棚

春大棚里种植的黄瓜

收获后的玉米

除了农业种植外，村民还从事各种副业，其中家庭养殖业占有重要地位。过去，农户多饲养牛、马、驴、骡子，也喂养猪、羊、鸡、鸭，可以挣点零花钱。1955 年，大牲畜折价入社，归集体饲养。1982 年，生产队的大牲畜经过投标分配给农民个人。这些年，在家里饲养猪、羊、鸡、鸭的农户越来越少，大规模的养殖户越来越多。到 2012 年年底，养猪大户有 3 户，户均存量 100 头以上；养鸭大棚有 2 户，每年存养量达万只以上。

油坊是农村常见的加工业。刘庆洪村曾有刘姓、崔姓 2 个油坊。当时的加工方法是利用牛或驴拉磨，用大石碾轧，然后抡大油锤挤油，原料则是棉籽和大豆。1974 年开始使用机械榨油，3 个生产小队每队 1 台榨油机。1983 年以后，油坊由个体户承包。除此之外，村里还有人专职从事木匠与泥瓦匠业，也有人继承家族手艺从事酿酒、茶食糕点制作等。目前，村中从事木匠行业的有 4 人，从事建筑行业的大约有 40 人，常年在外打工的有 25 人左右，另有 1 户村民从事酿酒，4 户村民从事茶食制作，3 户村民家里开小卖铺。

挖藕

村民饲养的奶牛

一、曾经“遍地种娘花”

“娘花”是鲁西方言，实际指棉花。“娘花”这一名称颇为柔美。很多村民不知道为什么将棉花称为“娘花”，有人说可能是因为这种植物与妇女关系密切，从“拾娘花”“挑娘花桃”“纺娘花”，到织布，做单衣、棉衣，都离不开女性的劳作；也有人说现在人们穿的衣物布料种类很多，有化纤的、尼龙的，但是老辈人穿的衣物都是棉布的，那时的人离不开棉花，就像离不开亲娘一样，而且这种植物开的花很大很漂亮，果实成熟后裂开的棉桃也像花一样，所以称它为“娘花”。

当地一直有种植棉花的传统。据史料记载，棉花是当地主要的经济作物，种植历史悠久。明朝初年，国家以行政手段推广棉花，棉花种植很快从江南地区扩展到北方。山东运河区域成为明代新兴的产棉区，到了明代中后期逐渐超过江南等地，尤其是东昌府和兖州成为山东重要的棉花产地。史载当时种植棉花“五谷之利不及其半”，当地农民纷纷将粮田改为棉田，利用运河的运输之便，“北棉”大量“泛舟而鬻诸南”。[①] 中华人民共和国成立以前，当地农民种植棉花除了自己穿用外，还加工成粗布远销江苏一带。[②] 种植棉花的传统对当地人们的生活产生了深远影响。

刘庆洪村在 20 世纪 90 年代中期以前属于鲁西棉区，一直是粮棉并重。1978 年，该村粮田为 894 亩，棉花是 176 亩。依据村里资料记载，棉花、籽棉亩产量 160 公斤。1985 年村里实行了土地承包制度，粮食种植面积为 350 亩，而棉花种植面积已达到 624 亩，籽棉亩产量增加到 260 公斤。

棉花是一种抗盐碱能力很强的植物，但是更喜黄土。村民称这种黄土为“两化土”。这种“两化土”是介于黑土与白土之间的一种土壤，比较松散。刘庆洪村周边除了村落南边与西南方向有一部分盐碱地以外，还有大片的“两化土”，非常适宜棉花的生长。这种土壤唯一的缺点是容易板结。如果下过雨后不及时松土，土壤表层就会变得很硬。

种棉花的劳动程序既精细又烦琐，基础工作是要备好基肥，基肥需是有机肥。过去村民院子里通常有一个沤坑来制作有机肥。平时的一些土杂肥、废水还有牛羊猪粪都可以在里面沤成肥料，称为“基肥”。秋末初冬，村民把基肥从坑里挖出来，放在屋后或街角空地上，堆成一个圆堆，上面抹上稀泥密封，以备来年耕地时使用。

农历二月中旬，村民开始耕地。耕地前，先把准备好的基肥用地排车拉到田地里，然后用铁锨把基肥均匀地撒在土地表面上。准备工作做好后，开始犁地。犁地一般用牛拉铁铧犁，或者使用拖拉机。犁地时要把肥料翻到地里，使之成为基肥，也称“底肥”。犁完地后，先耙再耢，把地整平。土壤松起后可以保温。这些工作做完后，就等待土地升温，这个过程大约需要 10 天。

当地农谚说：“枣芽发，种娘花。”清明时节，天气已非常暖和，很多树木早已是一片葱绿，但是枣树发芽晚，这时的枣树叶才刚刚冒芽。村民看见枣树发芽了，就开始准备播种棉花。播种前的 3～5 天要育种。村民都是在年前就准备好了优良品种，并将自家最好的棉籽留下做种子。育种时，先用温水将种子浸泡 12 个小时，然后将种子捞出，沥干水分，拌上农药，再将种子放

① 参见马王：《沉梦遗香大运河》，东方出版社 2006 年版，第 91～92 页。

② 参见山东省茌平县地方史志编纂委员会编：《茌平县志》，齐鲁书社 1997 年版，第 145 页。

田间小路

入缸里,用湿布盖上,等待种子发芽。这个过程需要三四天的时间。种子发芽不能太大,以刚刚钻出壳皮、幼芽如米粒般大小最佳。播种使用的农具是耧,上面是一个斗的形状,下面如漏斗。播种时,由牛在前面拉动耧,有经验的人在后面扶住耧的两个把手,村民称为"掌耧",同时旁边还有一个人随时往耧斗里添加种子。耧的下面有轮子,种子被播撒到地里后,后面的轮子就随之把土压实。

棉种被播撒下地后,5～6 天幼苗破土而出。等长出两个叶子以后,就可以间苗定苗了。间苗定苗时,要保证株距 30 厘米,行距 80～90 厘米。株距、行距不能太密,不然就会"捂"棉花桃子,导致棉桃腐烂掉落。间苗定苗工作结束后,一块地里的棉株就确定了。棉农们下一步要做的就是保护这些棉株健康成长,果实丰硕。

定苗以后,第一项要做的工作是预防蚜虫。蚜虫又称"蜜虫子",它们主要聚集在棉株叶子的背面和嫩枝上,以吸食棉株的汁液为生,导致棉株细胞受到破坏,生长失去平衡,叶片向背面卷曲皱缩,新叶生长受阻,严重时棉株会停止生长,甚至全株萎蔫枯死。随着棉株的成长,棉花的虫害种类也会增加,如棉铃虫等,村民统称这些虫害为"虫子"。这些虫害主要是吸食叶子、花蕾和棉铃。棉铃在生长增大时期富含蛋白质和果胶等,营养丰富。这些虫害会钻入棉铃或花蕾中吸取营养,青色棉铃被害后,形成烂铃,花蕾也会脱落。预防蚜虫以及其他虫害的方式主要是喷洒农药。村民经常使用的是名为"氧化乐果"和"久效磷"的两种农药。打药的用具是喷雾器。在棉花生长时期,打药是一项经常性的工作,通常 3～7 天就要喷洒一次。喷洒农药的工作很讲究，既要有体力，还要耐心仔细，这样虫害才能消灭得彻底一些，再次喷洒间隔的时间就长一些。如果只图干活快，背着喷雾器在棉田里匆匆走一遍，那么没几天田里虫灾就泛滥了。

棉株长到30～40厘米高，就到了开花的时节。棉花的花蕾很漂亮，3个苞叶簇拥着5个花瓣。棉株花蕾一般是在早晨开花；盛开时，往往看到一棵棉株花蕾有多个花色，有白色、淡黄色、粉色、紫色、红褐色等。有经验的村民说，花蕾在刚开时都是白色的，随着时间的延长和光照的加强，花蕾颜色慢慢变化，从最初的白色变成鹅黄色、粉色、紫色、红色、红褐色，最后花蕾脱铃掉落。因此，人们会看到一棵棉株上有不同花色的花蕾。

芒种前后，也就是农历五月中旬，小麦一般都已收割完毕，这时村民们就说“场院里晒着麦子，就要给娘花打第一遍杈”。“打杈”就是去掉不结果实的荒枝，只留果枝。打杈也是一项经常性的工作，农历五至七月，每隔三五天，棉农就要打一遍杈。立秋以后，植物渐渐停止生长，最终结下果实。当地农谚说：“立秋十八天，寸草结籽粒。”所以立秋以后，不管棉株是否长得高大，都要“打顶”；果枝有三四个棉桃的也要去掉枝顶，村民称之为“掐边心”。打顶和掐边心都是为了不让棉株空长枝叶，能够托住棉桃。

在打杈和打药的间隙，棉田还需要时常中耕，村民们称之为“耘地”。耘地是用耘锄，由牛在前面拉着，后面的人扶住耘锄把手，也有的是用人工直接锄地。其目的是去杂草、松土，提高地温。每次下雨过后，等雨水干了，就要耘一次地。

“处暑见新花。”辛苦一年，终于到了收获的季节。第一茬棉花开了，村民们开始了拾棉花的工作。在平县有几个大型的棉厂，各乡镇也有棉站，这些都是国有企业，专门收购当地棉农的棉花。原来籽棉不能在市场上自由买卖，棉农们收获的棉花必须要卖到国家的棉厂和棉站。乐平铺镇所在地有一家棉厂，是在平四棉厂。村民将收获的棉花打好包后送到四棉厂去卖。籽棉的价格根据籽棉等级的不同而不同，当时籽棉最好的等级是一级。随着籽棉质量的降低，还有二级、三级、四级、五级、六级、七级和等外级。除了定等级，还要定棉纤维的长度。曾在棉站工作过的村民说，打包后一级籽棉写上“129”，二级写“229”，三级写“329”，以此类推。其中的“29”指的是棉纤维的长度是29毫米。当时等外级的籽棉价格最低，为0.28元/斤，每上升一

个等级，价格就涨1角钱。有了棉站或棉厂的收购，村民就不用考虑棉花的销路问题，看到种出来的籽棉就等于看到了钱。每年农历八月十五以前，村民就可以卖出第一茬籽棉；第一茬籽棉质量好，一般都能卖个好价钱。村民可以用卖籽棉得来的钱好好过个中秋节。

种棉花给村民的生活带来很大影响，最为重要的就是增加了村民的收入。刘庆洪村的村民勤劳能干，种植棉花很容易就能变为"万元户"。他们认准了致富路，就会踏实地干下去。1983年，刘庆洪村曾创下全公社棉产量最高的纪录，人均收入第一。为此，大队部还获得了三十里铺公社奖励的一台黑白电视机。因为村民变得富有，生活有了盼头，外迁的村民开始回迁。有一批四川、贵州等贫困地区的女孩子通过亲戚朋友牵线搭桥，千里迢迢嫁到刘庆洪村，使过去一些找媳妇困难的男青年也组成了家庭，过上了正常人的生活。现在，刘庆洪村共有6个四川媳妇、2个贵州媳妇。她们都是在20世纪80～90年代嫁入刘庆洪村，那正是村里大规模种棉花的时候。可以说，那时的刘庆洪村家家有余粮，户户有存款，富裕的名声传扬在外。

种植棉花需要能干细心的劳动力，那些未出嫁的姑娘个个都成了家里种植棉花的主劳力。她们给棉花间苗定苗，打杈，捉虫，打药，拾棉花，很多活儿干得比男人还要得心应手。这也使得她们的"身价"大增。到谈婚论嫁之时，娘家人往往舍不得放手，婆家人则恨不得赶快将其娶进门。在这种情况下，订婚以后婆家要大送彩礼，年节也要送礼，目的是请娘家人及早"放人"，女子的地位有了很大提高。但是也出现了一种令人比较惋惜的现象，就是很多村民因此不太愿意供女孩子上学，觉得还是将她们留在家里种棉花更划算，所以这一时期村里能读到高中的女孩子很少。

从1995年开始，村里响应上级号召，尝试推广冬暖式蔬菜大棚，村民们也开始实行多种经营，很多青壮劳力进入城市打工。进入21世纪，村里的棉花种植面积急剧缩小，家家种棉花的壮观景象已经成为历史。大片的棉田、白花花的棉花和繁重的劳动成为中老年村民心中共同的记忆。

村民在宅场荒地上种植的棉花

村民利用沟渠空地种植棉花

二、茶食铺——“大兴斋”与“大明发”

刘庆洪村有茶食铺，商号为“大兴斋”。“大兴斋”为贾姓家族经营，后衍生出4家，茶食制作传承至今已是第五代，可谓是百年老号。2006年，贾氏长房将自己的商号改为“大明发”。“大兴斋”的茶食消费圈可达周围方圆几十公里，渗透到村民生活的方方面面。

（一）“大兴斋”茶食铺产生的背景及早期经营

刘庆洪村所在的鲁西地区在历史上是一个比较特殊的区域，它的兴衰与京杭大运河紧密地联系在一起。

大运河真正贯穿南北，成为我国南北交通的大动脉，实际上是在明清时期。明代初期，大运河由张秋进入鲁西地区，经过阿城、七级、聊城，至临清北行。与运河走向大致平行的还有一条陆路，是自北京到达德州，南行经高唐、茌平、东阿、东平、汶上至济宁，由此东南而行到徐州进入福建的官路，经过江苏可到达浙江、福建；由济宁南行经过安徽可到达江西、两湖、两广，外国使节进京多走此路，故这条官路又被称为“使节路”。这条陆路即上文提到的茌平境内的“御道”。这样一来，鲁西地区就处于南北交通要冲，水路和陆路之间又多有相连，形成了发达的交通网络。

鲁西地区便利的交通很快带来了当地商业的发展与繁荣。尤其是大运河航运的南北贯通，使南北物资在鲁西地区汇集，或转运四方，或在当地发售，极大地丰富了当地居民的物质生活，对其服食器用亦产生重大影响。例如，《金瓶梅》里描写西门庆及其家眷的奢华生活时，提到的消费品几乎包括了当时全国各地乃至西域诸国的名产，像江南鲥鱼、洞庭橘、凤团雀舌芽茶、六安茶、辽东金虾、金华酒、无锡米、杭州绸绢、南京云锦、蜀锦、陈桥鞋、荆州纸、大理石屏风、云南羊角珍灯、西洋大珠、猫眼、法郎、安息香等等，林林总总的奇珍异物均由商人从四面八方营运而来，由此可以想象当时鲁西地区的通达与繁华。交通和商业的发达，也刺激了农业经济的发展。鲁西地区开始大量植棉、种果树（以枣树为最多）、植桑养蚕，并进入市场，通过运河贩运南北，这又进一步促进了当地农业的繁荣。

张秋运河古渡桥上清代石刻

运河的贯通和商业的繁荣，同时也带动了鲁西地区手工业的发展，其中就包括汇聚南北风味的食品制作业。明清以来，各地商人在鲁西地区开设了很多酱园，如临清的远香斋[①]、东阿的济盛斋、济成斋、源盛东、意诚斋等。这些酱园主要经营酱菜制作、糕点制作、酿造酱油和醋，也兼营酿酒。当时有的糕点被称为“南果”，有的亦称“茶食”[②]，有专营的南果店或茶食铺。

自明清时期起，鲁西茶食糕点的生产就比较盛行。直至民国时期，茶食业在当地各县都算是一个规模较大的行业。鲁西地区各县县志多有关于茶食的记载。民国《临清县志》记载：“茶食亦名南果，所售糕点皆出自制，境内业此者颇称发达。”民国时期，临清城内的茶食铺共21家，掌握茶食制作手艺的师傅很多，有不少人凭此去外地谋生。据济南老字号玉美斋点心铺的东家吕海生说，当时济南点心铺雇用的师傅多是临清人，有一位临清的老师傅尤其善于制作江米条和百子糕。他制作的江米条和百子糕松脆香甜，吃后令人回味无穷。民国《山东省续修清平县志》记载，当时的茶食铺有25家，

① “远香斋”即后来的济美斋酱园，为江北四大酱园之一。
② “茶食”，当地村民亦称“茶肴”“果子”“点心”。

“新集胡里庄所造之茶食颇优美”[①]。民国《茌平县志·实业志》记载，县城里有杂货商 19 家，而茶食就是出售的商品之一。

茶食在当时被视为一种贵重食品。茶食出现在礼仪场所，从侧面反映了当时民众的礼俗生活。据民国《山东省茌平县志》记载，文庙祀典仪式中，在先师位前进献的祭品中有“白饼、黑饼、糗饵粉粢”；农历正月初一，“人皆盛服，家设香案，举家拜列祖先。或谒崇祠，或悬遗像，或启神主，设豚酒馃供祀毕，次拜尊长”。[②] 民国《冠县县志》记载当地的丧葬礼俗中，奠礼较重三牲、果品或挽幛。这里的糗饵粉粢、馃和果品就包括茶食类。

“大兴斋”茶食铺原址在东昌府光岳楼附近，经营时间为 20 世纪初期。原主人姓王，为东阿县邢庄人。当时由于运河的衰败，鲁西地区的商业经济已经凋零，不复往日的繁华。宣统年间《聊城县志》对此描述说：“迄今地面萧疏，西商俱各歇业，本地人谋生为倍艰矣。”[③]刘庆洪村“大兴斋”茶食铺目前的主人为贾乾坤、贾元臣父子。据贾家父子说，当时“大兴斋”是一个不大的店铺，在聊城的生意也不好，每天制作的茶食非常有限。聊城“大兴斋”最后一名掌柜王某是刘庆洪村“大兴斋”茶食铺的第一代主人贾阳忠的姑父。贾阳忠是贾乾坤的祖父，一直在聊城“大兴斋”当学徒。生意萧条使得“大兴斋”无法在聊城立足，王某便决定放弃聊域的店面，转而在刘庆洪村岳父家里进行茶食制作。其内侄贾阳忠因为掌握了茶食的制作手艺，就继承了“大兴斋”的铺号，独自经营起了茶食业，并一代一代传承下来，成为今天刘庆洪村贾家“大兴斋”茶食铺。

贾阳忠在刘庆洪村独自经营茶食铺的时间是在 20 世纪三四十年代。当时的经营方式就是以自己的家为生产作坊，茶食制作出来以后，外出赶集销售。贾阳忠带领自己的儿子们在家里制作茶食，然后在教场铺、三十里铺和韩集 3 个集市上出售。据茶食铺的第三代传人贾乾坤老人回忆，他童年时期经常跟着爷爷去赶集，走街串巷兜售他们家的“果子”。童年时的他很淘气，常偷偷地用筷子蘸上糖稀，跑出家门与其他的孩子交换玩具玩儿。据

---

① （民国）梁钟亭等修，张树梅等纂：《山东省续修清平县志·实业志三》，（台北）成文出版社 1968 年影印民国二十五年刻本，第 402 页。

② （民国）牛占城等修，周之祯等纂：《山东省茌平县志》卷二《地理志·风俗》，（台北）成文出版社 1976 年影印民国二十四年刻本，第 25 页。

③ （清）陈庆蕃修，叶锡麟纂：宣统《聊城县志》卷一《风俗》，清宣统二年刻本。

贾乾坤老人讲，当时的销售量很少，一个集市上能卖出十多斤就算不错了。那时基本上是有钱人买茶食，穷人都舍不得，富家也只在走亲戚时才舍得买斤茶食。

(二)茶食铺终止经营

刘庆洪村“大兴斋”茶食铺在20世纪50年代中止经营，一直到80年代初才重新开业，中间停业近30年时间。

1946年，国民党的一支地方部队(当地民众称其为“三支队”)攻打宋庄的围子(围子就是一圈城墙)。攻下后，他们就到处抓民夫拆除宋庄的围子，“大兴斋”茶食铺第一代掌门人贾阳忠就是那年拆围子时被砸死的。贾阳忠有3个儿子，分别是长子贾立德、次子贾立诚、三子贾立福。在贾家经营茶食铺时期，贾立德兄弟三人从小耳濡目染，渐渐也学会了茶食制作，尤其是贾立德，是父亲的得力帮手。

1953年12月，根据中共中央的“利用、限制、改造”的方针，茌平县开始对私营工商业进行社会主义改造。就茶食业而言，过去的茶食铺都是自产自销。城镇的茶食铺一般是前店后坊的生产销售形式；而散布在农村里的茶食铺一般是以经营者自己的家为生产作坊，靠赶集摆摊销售。社会主义改造开始后，传统的茶食铺很快就在城乡消失了。1956年，茌平县对私营商业的社会主义改造基本完成。按照城乡分工原则，县城的各种私营商业划归国营商业，农村私营商业划归供销社。划归国营商业的商户又根据行业的不同归属到各行业公司，如食品公司、纺织品公司、专卖公司、百货公司、药材公司等。当时的专卖公司和百货公司兼营茶和糕点。

茌平县供销社于1949年10月成立。1950年，茌平县社发动农民群众入股办村供销合作社和联村社。1952年，全县83个村社、联村社合并为40个以集镇为基础的联村社。1954年，全县建立12处区社，联村社成为区社的供销点。区社有正副主任、秘书，设会计、推销、供应三个股。区社驻地设置饮食、副食、日用杂品、百货等门市部及一个采购站。区社即后来村民们所称的“人民供销社”。供销社一般都下设一个加工房，加工酱油、醋、饼干、点心、咸菜等；原来农村里制作酱菜、茶食及酿造酱醋的一些私营作坊的业

主成了供销社加工房里的技师[①],按天领取报酬。到1985年,全县共有19处基层供销社。

刘庆洪村"大兴斋"茶食铺也于20世纪50年代初期停止营业。贾乾坤说,那时不让私人经营茶食铺,后来又怕"割资本主义尾巴",所以一直没有再经营。贾立德从小就跟着父亲学习,当时已熟练掌握茶食制作的手艺,能够独当一面了,在当地已经很出名。供销社成立后,贾立德先后被多处供销社请到加工房当技师,被尊称为"老师"。1958～1980年,贾立德先后去过三十里铺、杜郎口、蒋官屯、博平、铜城、韩集的供销合作社加工房指导参与点心制作。他指导制作的茶食由供销社的门市部出售,各地的代销点也到那里进货。据贾乾坤说,那时人们似乎觉得"果子""茶肴"等叫法跟不上新形势,所以很多人改"茶食"为"点心"了。供销社的加工房并不是常年制作点心,只是在中秋和春节两个节日期间才会做。

贾元臣1978年高中毕业后,就去了韩集供销社加工房,跟着爷爷贾立德制作点心。当时贾立德的报酬是每天1.2元,贾元臣每天的报酬为0.8元。贾元臣记得,那时供销社加工房里人很多,有二三十人。节日期间,贾立德领着其他人一起做点心。那时不分什么老师、徒弟,都得干活,不会做的就跟着会做的学。加工点心时,有领导会站在窗户外监督,防止师傅偷吃点心。贾元臣说,当时有个白姓技师在做点心时往嘴里放了一块,领导接着就从门外进来了,故意喊这个白技师,白技师没有应答。领导就凑到白技师面前说:"老白,说话呀,怎么不开口说话?"贾元臣说:"他嘴里含着东西怎么能说话呢?可是你不说话也能证明你偷吃了,嚼也不敢嚼,咽也不敢咽。领导都看见了,就得罚你钱。"

(三)"大兴斋"恢复营业

1978年底,中共十一届三中全会在北京召开,改革的春风随即吹到中国的广大农村。人们的思想开始苏醒,贾立德敏锐地觉察到可以自由地干些事情了。1980年春节前夕,他与孙子贾元臣尝试着做了一些点心,但并没有出售,只在过节时送给了亲戚朋友,并留了一部分自用。自家中断多年的手

① "技师"是当地对掌握一门手艺的人的称呼。

艺得到了亲朋好友的赞赏，这让贾立德充满了信心。1981年春节前夕，贾立德以30元资金起家，决定重新经营自己的茶食铺。他们从家里找出“大兴斋满汉茶食”商号的印版，买来一些红纸，印了少量的商号商签。“满汉茶食”商签是什么时候传下来的，贾元臣已经不记得了。他说，自家的茶食用的都是素油，不用荤油，回民也能吃；“满汉茶食”意思是说满族、汉族、回族都能吃。春节前赶集，贾家做出来的点心供不应求，随后他们便逐渐扩大规模。茶食铺自1981年恢复经营，距今已有36年。

茶食铺重新开张后，由贾立德带领自己的孙子贾元臣夫妇经营，贾元臣当时21岁。为了和公家的点心定价保持一致，贾立德最初将价格定为每斤0.72元。他家的点心每次都卖得很快，有些人嫌带着零钱麻烦，于是贾立德就把价格提高到0.75元，又到后来的0.8元、0.9元、1元、1.5元、2元、2.5元，到现在的3元，其间最贵的时候，价格到了3.5元。

起初几年，贾立德的儿子贾乾坤并没有参与茶食铺经营。后来看到茶食铺有良好的发展前景，也渐渐介入，祖孙三代形成了明确分工：贾立德和孙子贾元臣负责茶食的生产制作，贾乾坤则负责茶食的对外销售。每逢集市，都是贾乾坤带着茶食去赶集，后来顾客们都认识他，买茶食时只找他；找到他，就能买到对的茶食。茶食销量最高的时候是在春节前，所以头戴护耳棉帽的贾乾坤成了刘庆洪村茶食的标志，甚至在农历八月十五的时候，有人也会问“戴棉帽子的那个老头儿怎么没来呀?”，弄得贾乾坤哭笑不得。“这是什么节气，我戴上棉帽子？戴上棉帽子还不得热死我！”贾元臣跟着祖父做茶食，距今有近40年的时间了。他给笔者讲述了这些年卖茶食所用的交通工具的变化：自行车，自行车带地排子，脚蹬三轮，驴车子，骡子拉地排车，摩托三轮，“时风”牌大三轮车，面包车。贾立德于1999年去世。在贾立德去世前，贾家每年至少能做7000斤茶食。现在，贾家的茶食制作量为每年1万斤以上。

贾家“大兴斋”茶食铺在全年的生产中有两个生产旺季：中秋节前的一个月和春节前的两个月。在这两个时间段内，茶食铺里都要雇用工人。中秋节前夕一般雇用十几个工人，春节前则常常要雇用20多个人，其中包括一些贾家请来帮忙的亲戚、本家和村里关系要好的村民。工人按照工作的熟练程度领取报酬，有的一个月领400多元，有的一个月能领到700元。贾家

向本村的工人免费提供饭食，而外村的工人则会包吃包住。通常亲戚、本家人都不拿工资，但是年底工作结束后，都会收到一份年礼作为答谢，有牛肉、香油、酒、茶叶和自家的茶食等等。

贾乾坤在三十里铺集市上卖茶食

贾家果子大批量的销售也主要集中在中秋和春节两大节日期间。贾家果子在茌平、东阿一带负有盛名，销售的方式主要有两种：一是赶集出售，二是顾客上门购买。以前贾家也曾批发给别人到聊城和茌平县城去卖，后来发现自己的商签附在了别人做的果子上面，贾乾坤就停止了批发，并声明只有他亲自卖的果子或顾客上门来买，才能买到真正的贾家果子。老人说，之所以这样做，是怕砸了自家的牌子。不做批发并没有影响到贾家果子的生意。笔者在2006年的春节前夕作调查时发现，来贾家购买果子的人络绎不绝。据一位村民讲，年前的几天里在通往刘庆洪村的各个路口，经常会看到各种带着纸箱、竹筐或条筐的车辆，那都是来村里买贾家果子的。当笔者来到贾家时，看见院子里停满了来自不同地方的摩托车、电瓶车、三轮车、自行车，车上都带有大小不一的用来装果子的纸箱子或者竹篾筐。人们都站在院中等候。他们虽然没有像城里人那样排着长长的队，但也是按照自己的先后顺序。在正屋最西边的销售间内，距门口1.5米的地方横放着两张长条

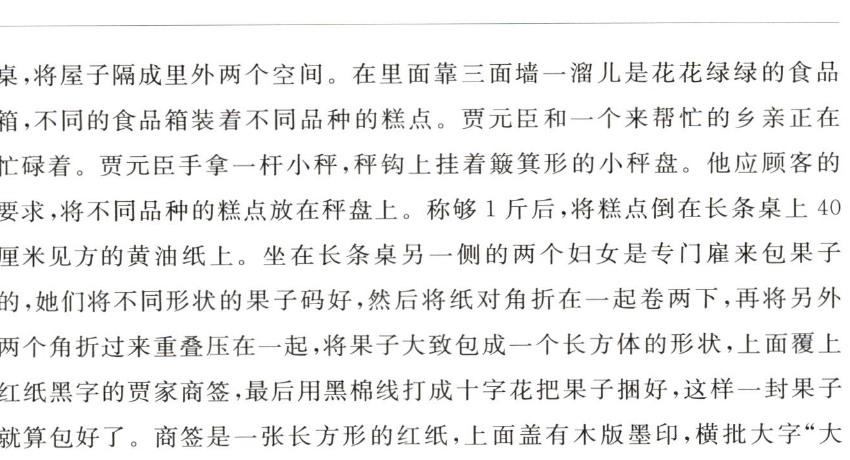

桌，将屋子隔成里外两个空间。在里面靠三面墙一溜儿是花花绿绿的食品箱，不同的食品箱装着不同品种的糕点。贾元臣和一个来帮忙的乡亲正在忙碌着。贾元臣手拿一杆小秤，秤钩上挂着簸箕形的小秤盘。他应顾客的要求，将不同品种的糕点放在秤盘上。称够 1 斤后，将糕点倒在长条桌上 40 厘米见方的黄油纸上。坐在长条桌另一侧的两个妇女是专门雇来包果子的，她们将不同形状的果子码好，然后将纸对角折在一起卷两下，再将另外两个角折过来重叠压在一起，将果子大致包成一个长方体的形状，上面覆上红纸黑字的贾家商签，最后用黑棉线打成十字花把果子捆好，这样一封果子就算包好了。商签是一张长方形的红纸，上面盖有木版墨印，横批大字“大兴斋”，下面正中竖写大字“满汉茶食”；两边分别以小字竖写“精制糕点、美味可口、营养丰富”和“在平乐平铺镇刘庆洪村”。包好的一包茶食称为“一封”，其实际重量是 1 斤。贾家果子一直使用传统包装，没有想过要改进包装。在他们看来，那些花里胡哨的东西没用，保证果子品质才最重要。现在，他们在果子外面又套上一个塑料方便袋。贾元臣说，这都是跟着城里人学的，方便袋方便实用，可以防止果子渗油，以免弄脏顾客的家什儿①。

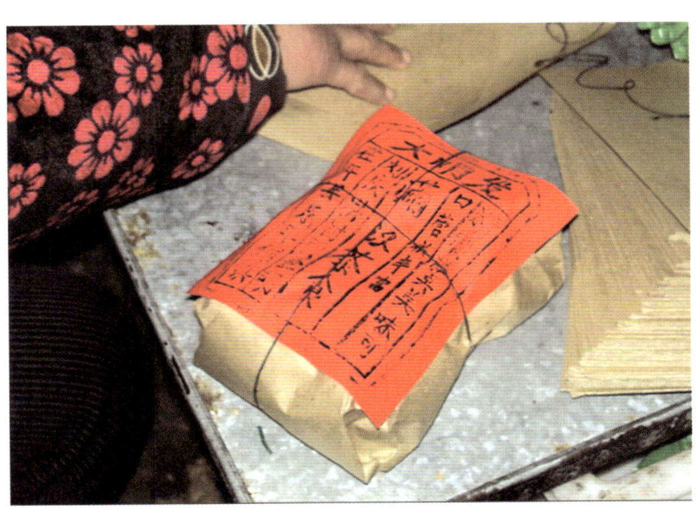

包装好的茶食

① “家什儿”，当地方言，指用具。这里指顾客装盛果子的包、筐等用具。

现在外出赶集销售的事情主要是由贾乾坤和贾金明祖孙二人负责。贾乾坤负责掌秤，贾金明则充当货车司机。他们常赶的集市有3个：(1)三十里铺集，农历逢五、十大集，逢三、八小集；(2)教场铺集，集期是农历四、九；(3)双营集，集期是农历二、七。他们在每个集市上都有固定的摊位，位置数十年不变，成为当地顾客心中的老摊子。出售时，根据顾客的不同要求进行不同的包装。如果是顾客自己食用，一般就用塑料方便袋直接装上；如果是走亲访友用，就将茶食进行正式包装，即用方形的黄草纸将茶食包成长方形，在上面附上贾家茶食铺的商签，然后用黑棉线捆扎好。

(四)茶食制作

"大兴斋"茶食铺的生产制作属于家庭作坊式。贾元臣家有两处宅院，茶食生产制作连带部分销售都在贾家居住的新宅院里进行。这是一座典型的北方农家院落。进入宽阔的朱漆大门，迎面就是绘有迎客松图案的照壁，当地称为"迎门墙"。五间前出厦的北屋[①]，西边的一间为茶食的销售间兼成品库房；东边两间由贾元臣的儿子贾金明夫妇居住；中间两间由贾元臣夫妇居住并兼作客厅。院子有两间东厢房，用作厨房和烤炉房；还有三间西厢房，用作茶食制作间，其中两间为案活工作间和原料库房，另外一间是油炸灌浆间。两口大锅相对，一口是用来油炸的油锅，另一口是用来熬糖汁的。

贾元臣父子现在能够制作的茶食品种有白皮、到口酥(也即"桃酥")、宝酥、立酥、盘酥、马蹄酥、月牙酥、虾酥、麻圆、雪花饼、蜜三刀、金棍儿、白糕、百子糕、桂花糕、玫瑰糕、金钱饼、蜜金棍、炒糖等20多种。贾元臣说，这些品种都是从他的曾祖父贾阳忠那里传下来的。以前还有一个品种叫玉露霜，但其制作方法已经失传了。"大兴斋"制作茶食的主要原料是小麦面粉、江米面粉、白绵糖、食用油，配料还有青红丝、桂花、玫瑰、香精等，贾元臣称这些配料为"小料"。

制作茶食前，一般清晨就要和好面。和面时要和两种，即水面儿和油面儿。水面儿指用水揉成的面，但是在揉到适宜的硬度时，要按照面粉与食用油10：1.5的比例向面里加入食用油继续揉面。而油面儿则完全是用食用

① 前出厦是鲁西地区当前流行的正屋样式，有五间北屋，前方的屋檐向外伸出1～2米，用来遮阳避雨，也可以放置杂物。

油来和面，面粉和油的比例是10∶4。水面儿和油面儿都是制作盘酥、立酥、宝酥和雪花饼的皮儿。从2006年年底开始，贾元臣开始使用和面机和面，但要求当天和出的面要在当天做完。贾元臣做茶食所配制的馅料都由他亲自调制，既考虑顾客的口味，也兼顾自己的成本。馅料也是在生产茶食当天制作，以防止存放时间过长会变质发酸。馅儿里面的主料是蒸熟的干面、白砂糖、熟油，配料是青红丝、桂花、玫瑰、香蕉油。这种馅料可以用来做宝酥、雪花饼、月饼、白糕。

贾元臣揉面

制作茶食的手艺主要分掌炉、掌锅和案活三方面。炉即烤的工艺，如到口酥、月饼、酥皮都是需要烘烤的品种。贾元臣使用的工具炉的变化，也可以反映社会以及茶食行业的发展变化。贾元臣向笔者介绍了他所使用过的不同的炉：(1)打烧饼的炉，使用枣木劈柴，每日能炉80斤面。(2)蜂窝炉，燃料是蜂窝煤，开始时用1个铁盒炉，每日炉120斤面，后来增加到2个铁盒炉，每日炉140斤面。(3)导热炉(油炉)，燃料是大炭，每日炉200斤面。炉实际是烤箱工艺，但烤箱是用电的，而炉是用炭烧的。贾乾坤说，炉工艺做的果子要比烤箱做的味道好，因此他们一直都是沿用传统的炉制作果子。油锅主要用来油炸和灌浆。需要油炸的品种都要再经过灌浆才能完工。金棍儿、三刀、立酥、盘酥、宝酥、雪花饼等需油炸以后再灌浆。浆是指白糖溶化后的糖浆，将油炸过的材料用笊篱盛着放进糖浆里浸。案活是指在案上揉面、切花等，捶糕也是在案子上做的。

下面是“大兴斋”常制的几种茶食品类的制作程序：

1. 宝酥

先和好水面儿和油面儿两种面团备用。将水面儿擀成直径2厘米的长

条，然后揪成面剂子，压成面片，将一小块油面包裹起来，用擀面轴将小面团压成长形面片，卷成面卷，再用刀将面卷切成两段，每一段都用手按成圆形的面片。这时，就开始包馅儿了。将其包成圆球状，收口的部位向下冲着面案，用手按下，最后做成厚度0.5厘米、直径3～4厘米的圆饼。这样，宝酥的坯就算做好了。做好的坯被一排排平放在铁盘里，等待下锅油炸、灌浆。

宝酥成品

2.雪花饼

先将水面儿揉成有4厘米粗细的长条状，将它切成段，每段长3～4厘米。将一个个的面段压成面片，里面包上大小相当的油面块。包好后，撮成馒头状的面团，大小也和馒头相仿。将面团的收口置底部，用擀面轴将面团压成面片，然后将面片卷成卷，擀成约1厘米粗的长条，再用刀切成2厘米长的面段，折起每个面段的两端，将油面儿和水面儿的纹路藏起来，再将这个面团压成面片，做雪花饼的面皮就做好了，然后包入馅料就可以了。做好的雪花饼坯放入铁盘待炸。宝酥和雪花饼所用面皮经过多道工序，里面是一层水面儿、一层油面儿的结构，这样油炸后容易起层，可达到酥的效果。

待炸雪花饼坯

3. 蜜三刀和金棍儿

蜜三刀案活

蜜三刀和金棍儿的主要原料是面粉、食用油和糖稀。“大兴斋”所用的糖稀依然是传统上的植物糖稀——红薯糖稀或玉米糖稀。糖稀用的量比较少，主要是做引子，类似发面用的酵面头。以前他们所用的糖稀都是用红薯干和玉米面熬制而成，现在由于茶食生产量比以前大大增加，熬糖稀费工费时，所以开始直接购进成品。玉米面熬制的糖稀不太甜，红薯干糖稀的甜度要大一些。现在有些点心铺开始使用化学糖稀。化学糖稀虽比玉米糖稀甜，但炸出来的东西软，不如贾家制作出的产品好吃。贾元臣的妻子说：“人家有些里面有化学原料，咱这还是老做法。茶食都是粮食制的，人吃这个没有什么妨碍。”贾元臣也说，现在虽然科技发达了，制作食品的原料和添加剂多种多样，但吃的东西还是天然的好。

所谓“蜜三刀”，是因为每个蜜三刀都是经过三刀切制而成，第一刀和第三刀要切断，而中间一刀只切到一半的深度；而且蜜三刀的最后一个工序是灌糖浆，味道香甜似蜜，所以被称为“蜜三刀”。其制作方法是将面粉、食用油和糖稀三种原料按一定比例混合和成面团，将和好的面团揉成圆锥的形状，在上端覆上一层水面片，在底端表面撒上一层芝麻，然后用走锤[①]将面擀压成一大张约 0.5 厘米厚的椭圆形的面片，再用戒尺量着切出一个个的蜜三刀坯，最后进入油炸和灌浆这两个工序。

金棍儿的制作工艺就简单一些。将面揉好后，用走锤擀压成 2 厘米厚度的面层，呈长方形，然后用刀沿戒尺切成 4 厘米宽的长条，再将其横切成2 厘米宽的面段，最后形成大约 2 厘米宽厚、4 厘米长短的小面段。这样，制作金棍儿的案活就完成了。

完成案活的金棍儿

宝酥、立酥、盘酥、马蹄酥、雪花饼、蜜三刀、金棍儿这些种类都要经过案活、油炸和灌浆三道工序。白皮、到口酥和月饼要经过案活和炉烤两道工序。在这几道工序中，油炸程序中的看锅及炉烤时的看炉是最关键的环节。看锅又称“掌锅”，看炉又称“掌炉”，都是说要随时掌握火候。贾元臣曾说：“一块面一个样，一锅一个样，这个不像配料一样都是‘死母’[②]，必须摸索经验，掌握分寸。”一旦火候掌握不好，就会前功尽弃。茶食品质的好坏全看锅和炉的功夫。可以说，掌锅和掌炉这两项技术的好坏决定着茶食铺的存灭。贾家的各代继承人都是在长辈的指导下渐渐掌握了这两种关键技术，因此，他们也不轻易将这种技术传给外人。

① 走锤是用来擀压面的工具，中间是一个比较粗的滚轴，两端各有一个抓手，其擀面的力度要比擀面杖大。

② “死母”，当地指一成不变的程序、比例或数字。

4. 百子糕

制作百子糕的主要原料是江米面、糖稀和蒸熟的小麦面粉。所用的江米面必须用石碾碾碎。在电磨出现后，贾元臣曾尝试使用机器磨面，但是做出来的百子糕口感不好，最后他还是继续使用传统的石碾。2006 年，他在自己的老宅子里又安装了一盘很大的新碾。制作百子糕时，先炸出用江米面制作的小颗粒，即所谓的“子”，然后将这些颗粒拌上糖稀、熟油和熟面粉，搅拌均匀后倒在大案板上，并在四周挡上挡板，将混合好的原料摊得厚薄均匀，再用呱嗒子[①]敲打压实，随后在上面撒上一层炸好的金黄色的江米面球及一些青红丝，最后将其切成整齐的长方形的方块，就算完工了。做好的百子糕表层是金黄色的颗粒和青红丝，色彩艳丽，再加上它本身的吉祥品名，特别适用于喜庆的场合。

百子糕原料江米籽

制作百子糕

5. 白糕

白糕

在所有的茶食品类中，制作最简便的是白糕。由于其特有的制作方式，当地村民也称其为“捶糕”。它的原料主要是制作各种品类时剩下的下脚料及各种成品掉下来的碎屑。在案板上放好挡板后，将拌匀的原料倒在里面摊平，用呱嗒子敲打压实，上面撒

① “呱嗒子”是当地一种握住把手用来捶打的工具，通常由结实的枣木制成。农民常用它敲打收割后的谷物如谷子、高粱、大豆等来进行脱粒。茶食铺里使用的呱嗒子要比平常农家用的短而厚。

上一层白绵糖，再用刀切成长方形的小块，就算完工了。在活计繁忙、供不应求时，茶食铺里就专门调制原料，一天能够制作几百斤甚至上千斤白糕。金钱饼、蜜金棍、炒糖等因制作复杂，费时费力，大多只在生产淡季时做。

（五）手艺传承

贾阳忠育有三个儿子，分别是长子贾立德、次子贾立诚、三子贾立福。贾立德一支继承了祖业并传承至今，到贾金明有五代人。

贾立诚是贾阳忠次子。贾立诚育有一子贾乾祥，贾乾祥育有二子贾元龙、贾元虎。中华人民共和国成立后，贾立诚一直积极参与村里的公共事务，自1956年起担任刘庆洪村的村长。1958年，崔海子村、常海子村、丁庄与刘庆洪村成立联合生产队，贾立诚任刘庆洪村生产队队长。1962年，刘庆洪村成为独立行政村，贾立诚任刘庆洪村大队党支部书记，一直到1970年卸任。1981年，贾立德重新经营“大兴斋”茶食铺，这门手艺也给他们带来了可观的家庭收入。贾立诚看在眼里，也想用家传的手艺发展家庭经济。在20世纪80年代的一个冬天，贾立诚就去征求兄长贾立德的意见。贾乾坤回忆说：“当时，二叔来到我们家，问我父亲说，‘哥哥，我也想干这个，搂果子[①]，你看行不？’父亲说：‘怎么不行？都是咱父亲传下来的手艺，你愿干那就干呗。’”这样，贾立诚也开始干起点心房生意。因为两家住隔壁，中间就隔了一道墙；为了方便，就把墙打开了一个缺口，两家共用一套炉和锅，并且协商好了两家赶集要分开。贾立德赶的集是三十里铺、教场铺、双营，贾立诚赶的集是韩集、铜城、广平。贾立诚去世后，家里的点心房生意就中断了。后来他的孙子贾元龙和贾元虎都在贾乾坤家里帮忙。大约在2003年，贾元虎自己也开业做点心生意，赶的集市依然是当时两家协商好的集市。

贾立福是贾阳忠的幼子。贾阳忠在世时，贾立福年龄尚小，并未学习茶食制作，后来祖业中断，他并未接触过这门家传的手艺。贾立福育有二子贾乾银、贾乾金。贾乾银、贾乾金与贾乾坤虽是平辈，为叔伯弟兄，但是兄弟俩的年纪比贾乾坤要小得多。贾乾银和贾乾金与贾乾坤的儿子贾元臣年龄相仿。贾乾坤的茶食铺在生产旺季需要人手时，贾乾银和贾乾金会过来帮工，

① “搂”，当地方言，有“做，干”的意思。

兄弟二人慢慢也学会了茶食制作，并先后独自开业。这样一来，村里茶食铺由原来的1家就变成了4家。为此，贾家对周围的集市进行了相应划分。贾家长房下的贾乾坤一家与三房下的贾乾银共同赶三十里铺、教场铺、双营的集市，贾家二房下的贾元虎与三房下的贾乾金赶铜城集、韩集、大尉集。

"大兴斋"茶食的手艺是典型的父子传承。从贾乾坤到贾元臣、贾金明，连续三代都是独子单传，所以技艺的传承没有长幼之分。贾元臣及后辈自幼耳濡目染，到十几岁能给家里帮忙时便跟着打下手，边看边跟着做，祖父、父亲在实际操作中及时地讲授面团的最佳硬度、油的热度、油炸的成色以及各种配料的比例，学习在日常的生产生活中随时随地进行。就这样，手艺由一代传给又一代。

贾家几代人在努力传承祖上手艺的基础上，也一直在开拓创新。贾阳忠曾说"我的点心可以过六月"，意思是说他做的点心不易变质。贾乾坤说，邻村吴庄的一个村民曾对他说："年前买的您家的点心，过了六月才吃，也没有变味。"贾元臣跟随祖父学会了茶食制作后，对自己的手艺也一直精益求精。在当地，做传统点心从来不用玫瑰酱。1988年前后，贾元臣的一个好友为了躲避计划生育从平阴来到他家居住。平阴是玫瑰之乡，盛产玫瑰。贾元臣的朋友给他带来了一些玫瑰酱，他品尝后发现，其中有一种酱味道特别清香甜美，就想到将玫瑰酱作料放进他的果子里试验一下，结果味道非常独特，有一种说不出的清香。自此，他在果子馅料里开始加入玫瑰酱。最初玫瑰酱不好买，都要托熟人。后来河东[①]平阴的玫瑰镇开始大量种玫瑰，购买就比较容易了。为了节约成本，贾元臣每年农历五月份亲自到平阴采摘玫瑰花，回来后将摘的玫瑰花用糖腌渍起来，正好到中秋节前使用。除此之外，贾元臣也曾想过创新茶食，在保证传统品种的基础上，增加现代品种。2006年，贾元臣送儿子贾金明去济南的神州技校学习糕点制作。贾金明在那里学习制作面包、蛋糕等西式点心，学成回来后制作过鸡蛋糕。最后计算了一下，仅成本就得四五块钱。贾元臣说："学的那个成本太高，成本高了卖不出去，成本低了没法吃。在农村不适用。"最后他们只好放弃。

百子糕是"大兴斋"一个特有的传统品种，当地其他的茶食铺很少能做

① 当地村民通常将黄河东岸的长清、平阴称为"河东"。

得出来。因为其名吉祥，有“多子多福”的寓意，在当地村民礼俗生活中使用量比较多。访谈中贾元臣说，儿子贾金明在济南学习时，他的老师都不会做百子糕。为此，老师特地将贾金明请到自己家里教授制作百子糕的手艺。

贾金明掌锅

目前，“大兴斋”茶食铺已顺利传承到第五代人贾金明手上。贾金明初中毕业后经常外出打工，并在济南的几个饭店里做过厨师，后来又到茌平县城的几个工厂干过一年。2005 年后，贾金明开始在自家的茶食铺里干些比较简单的活，跟着祖父赶集，学习制作茶食的手艺。

2006 年，贾金明决定继承祖业，安心经营自家的茶食铺。就在这一年春节前夕，贾乾坤决定放弃“大兴斋”的商号，将商号改为“大明发”，这样做的目的有二：一是不再与贾乾银、贾乾金和贾元虎几家合用“大兴斋”一个商号，二是“大明发”里有贾金明的“明”字，希望自家的茶食铺能够在贾金明的手里发扬光大。贾金明也有比父辈更开阔的视野。他希望笔者能写篇文章宣传一下他家的点心，帮他开拓销路，以后可以进入大城市的市场。

贾乾坤原用商签印版

贾乾坤现用商签印版

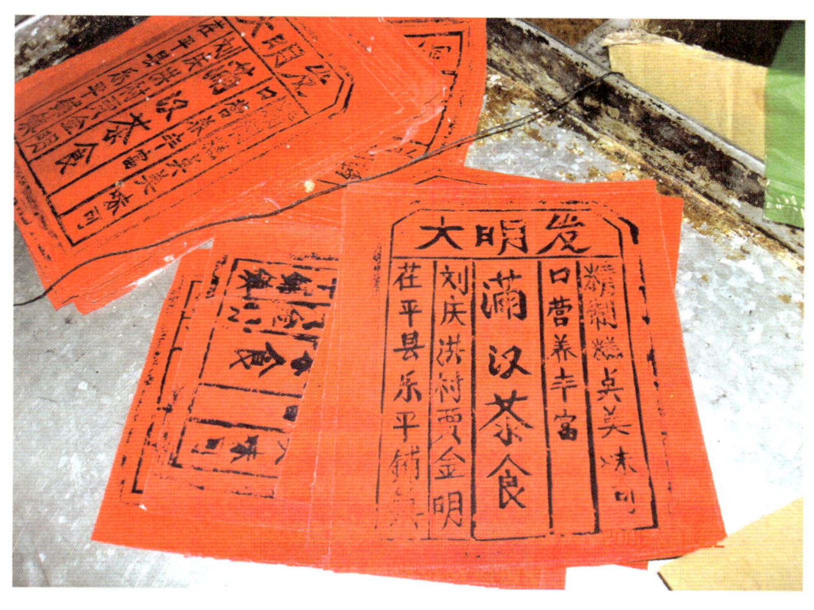

贾乾坤现用商签

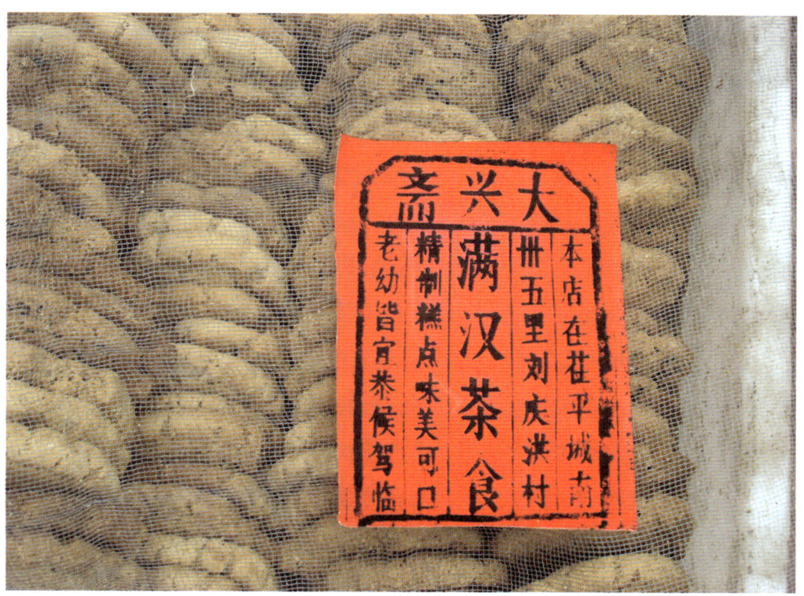

贾乾银现用商签

对于自家的茶食手艺，贾氏父子并不保守，有愿意来学习的，他们也会接收。贾元臣说大家都是相互学习。他的老老姑爷爷就是从聊城学来的手艺，老爷爷又是从老老姑爷爷那里学习的。东阿的邢庄是贾元臣的老老姑爷爷王某的家乡，其后代没有将祖业传承下来。按照贾元臣的说法，是他的后代没有“接上趟”。随着贾家的茶食在当地名声越来越响，邢庄王某的后人又慕名前来学习，但邢庄茶食依然没有发展起来。

贾金明与爷爷贾乾坤一起赶集

现在，贾家茶食销售范围南到东阿的前王村、沈庄村、贺庄村、赵徐村，北到张李村、朱庄村、崔海子村、常海子村、大尉村。南大吴村离刘庆洪村不远，但是来买贾家果子的并不多。这主要是因为南大吴村也有一家茶食铺，主人是吴怀洪。据贾元臣说，吴怀洪是他的“两乔”①，手艺是跟着他学的。虽然两个村离得很近，销售上多少都会有些影响，但都是亲戚，贾元臣就把手艺教给了他。

因手艺精细，贾立德在当地很有名气。20世纪50～80年代，多个供销社都邀请他做茶食制作技师。为此，贾立德也结交了不少朋友，有不少人慕名而来，到他家里当学徒。据贾乾坤说，高唐有个徒弟叫高登山。1984年，高登山来到刘庆洪村学习制作茶食。他是贾立德在韩集供销社时结识的，后来两人成为朋友。高登山学会后没有自己开业，只给别人当过技师。现在高登山年纪大了，但是与贾乾坤还保持联系。临乡广平的季某也在贾立德家当徒弟。季某曾在别的地方学习过制作茶食，但是没有成功，就通过三十里铺的熟人徐某介绍，来到刘庆洪村贾家学习。学成后，他回到广平也开了茶食铺。贾乾坤说，季某干得很好，在韩集和广平一带也数得上号。济宁

① 当地村民称呼自己的连襟为“两乔”。

汶上县曾有人来学习，那是贾元臣堂婶的亲娘家人[①]，现在没有联系了。东阿陈集的堂子村还有一个徒弟，他曾在 20 世纪 90 年代前来学习，但现在不做了，在东阿汽车站打工。贾家与这些人虽然是师徒关系，但他们之间都是按亲戚关系排辈。过年时，他们一般都会携带礼物来贾家看望老人。

因为经营茶食铺生意，贾乾坤一家的经济条件比较好。除了盖了新房，家里还买了面包车、小轿车，这在农村是属于比较荣耀的事情。小重孙女 3 个多月大的时候，亲戚来给重孙女送祝米，家里摆了酒席，席上有鸡有鱼。贾金明的岳母问贾乾坤："你们给来客喝什么汤?"贾乾坤说："一人一碗鸡。喝汤干什么，那胡辣汤有什么好喝的?"贾金明岳母说："不用弄这么好吧?"贾乾坤说："这不能依着您，喝胡辣汤的席忒薄，咱们就一人一碗鸡。"席上的酒都是 9 块钱一瓶，这在当地算是贵的了。

三、酒坊——"全盛勇"

"全盛勇"曾是崔氏家族的商号。崔氏第十世振英、奋英兄弟二人迁入刘庆洪村，繁衍至十七世时，人丁财富进入全盛时期。崔振英的后代到十七世有以安、以太兄弟两人。崔奋英的后代十六世崔兆新、崔兆宽兄弟二人子嗣兴旺，崔兆新育有四子，崔兆宽育有九子。加上崔振英一支共兄弟十五房。崔氏十七世这一代人数众多，也有不少人聪敏能干，家族里开设油坊、酒坊，尤以酒坊为盛，商号为"全盛勇"。

当时崔家的大掌柜是崔以仁，是十六世崔兆新的幼子。现在崔兆新、崔兆宽两兄弟的后人分成了两个院，崔兆新以下四个儿子的后代为东院，崔兆宽以下九个儿子为西院。但是到十七世崔以仁时期，整个大家族在一起生活，包括十五世崔长临及其三个儿子崔兆泰、崔兆新、崔兆宽，以及崔兆新的四个儿子和崔兆宽的九个儿子。崔兆泰无子，分别由崔兆新长子崔以敏、崔兆宽长子崔以忠承嗣。这十三个兄弟生活在一起，统一分配劳动，集体就餐。妯娌们和谐相处，轮值做饭。由于家中人数众多，到饭点时要敲梆子呼唤众人吃饭。这一时期，崔氏家族人丁财势达到鼎盛，家风上贤下孝，在乡间传为美

① 贾元臣的堂婶即贾元龙、贾元虎的母亲。据贾元臣说，堂婶的亲娘家在济宁，当年逃荒来到乐平铺镇的小崔庄并被收养，然后才嫁到刘庆洪村。

谈。为此，十五世崔长临曾被推选为乡饮耆宾，崔兆宽被推选为介宾。

（一）曾经的“全盛勇”酒坊

崔氏家族男丁众多，当年“全盛勇”酒坊除了雇有一名酒大工外，都是使用自己家族的人工。造酒使用的原料是高粱米、小米、玉米，用大曲来发酵。当时的“全盛勇”白酒酒香四溢，喝后让人通体舒服，因而远近闻名。除了在本县和东阿县销售外，附近的临清、夏津、高唐等县的人也都远道而来灌酒[①]。那时没有发达的交通工具，来刘庆洪村灌酒的人都是推着小红车，小红车两边分别绑着大瓷坛，也有人直接用肩挑着担子来。

“全盛勇”的酒好喝，除了崔家独特精妙的造酒工艺外，很大程度上依赖于村东头的那眼井。村里共有三眼井，村民们都说东头的井水甜。崔锡禄说，当年村西头刘家也造过酒，但是造出来的酒不好喝，所以又有“西头井做酒不好喝，中间井做酒也不强，东头井做酒全盛勇”的说法。

刘庆洪村还流传着一个“大吴财主花钱买酒喝井水”的典故。南大吴村有一吴姓财主与崔家是朋友关系，家里办宴席时需要好酒，就派了两个伙计到刘庆洪村崔家来买酒，并一再嘱咐伙计一定要灌上好的酒。伙计们到了刘庆洪村崔家，告诉酒坊说“我们家掌柜的说要两坛子好酒”。于是酒坊灌了两坛子上好的酿酒让伙计们抬回去。伙计们把酒抬回去后，吴财主就舀出一勺酒品尝，品了一品，咂在嘴里的一口酒全吐了出来。他对伙计们大喊：“这是什么酒？这酒不是个味，没劲儿。不是给你们说过了给我灌好酒来？这酒不能要，给我抬回去。”两个伙计又赶忙把酒抬回刘庆洪村。崔以仁听说后，就拿了一个伍壶[②]和两个玻璃棒子[③]给吴财主的伙计们说：“噢，你们掌柜的觉得我的酒不行，那我把好酒给他。你们两个把酒坛子给我抬到井边上来。”伙计们迷惑不解地把酒抬到井边。崔以仁用伍壶从两个坛子里分别舀出一壶酒，倒在玻璃棒子里，然后把两个玻璃棒子分别塞在两个伙计的怀里，说：“这两棒子酒是送给你们两个人的，回去自己喝，别往外拿。”两

① 当时的酒坊没有把酒分装，做好的酒都装在酒坛里，顾客前来买酒都是自带容器如瓷瓶、瓷坛等。买的酒多就称“灌酒”，买的量少就称“打酒”。

② “伍壶”是当时酒坊一种量酒的容器，一个伍壶装5斤酒。

③ “玻璃棒子”也是当时装酒的一种容器，用玻璃制成。

个伙计一听很高兴，虽然自家掌柜的说这酒不好，但是不花钱的酒不喝白不喝。然后伙计们就看到崔家掌柜用伍壶打上来两壶井水，一个酒坛倒入一壶井水。吴财主的伙计们大惊失色。崔以仁却说："抬着这两坛子酒回去吧，这回你家掌柜的准会说我的酒好了。"两个伙计不敢把酒抬回去，说自家掌柜的本来就说酒不好，这回里面又灌了井水，回去更没法交代了。崔以仁说："别害怕，抬回去吧，这回你家掌柜的肯定说酒不错。"两个伙计将信将疑地把酒抬回南大吴村，吴财主又把酒品了品，说："嗯，这回抬回来的酒是好酒了。咱宴席上就用这个酒。老崔家还以为我不懂酒，想糊弄我。"开始伙计们不敢说，后来终于忍不住告诉主家："掌柜的，人家崔家真没想糊弄咱。开始人家给的真是酒，您嫌不好让我们抬回去。这次您喝的酒都掺了井水，俺两个喝的才是真酒。"吴财主弄清事情原委后，感觉不好意思，就专门到崔家来登门道歉。

20 世纪 40 年代以后，"全盛勇"就停止经营了。那时日本人已经侵犯到茌平地界，到处兵荒马乱，很多做生意的都停止不干了，"全盛勇"也是如此。

1947 年，刘庆洪村开始了土改运动。土改使刘庆洪村无地或少地的村民分到了土地。由于家族共同的产业酒坊停产，崔家大家族最终被分成多个小家庭。自此，崔家的"全盛勇"酒坊再也没有开办起来，分家以后再也没有人想过组织酒坊的生产。"全盛勇"酒坊渐渐走进村民记忆的深处，现在崔家的年轻人甚至都不知道它的存在。

（二）锡禄造酒

崔锡禄高小毕业后，被选到农业中学学习，在村里属于有文化的人。1964～1973 年，他一直干代销员，后来又到教场铺的供销社工作。在此期间，崔锡禄担任采购员。为了采办各种商品，他跑过全国很多地方。20 世纪 80 年代，他经常去南方出差，去过贵州、浙江一带。这一时期南方工商业比北方发达。去贵州采购白酒时，他发现那里做酒的人很多，包括凯里、贵阳等地，几乎家家户户做酒。这让崔锡禄想起他的曾祖父领着族人造酒的岁月，想起崔家的老字号"全盛勇"，想起"全盛勇"酒坊的辉煌。

从南方出差回来后，崔锡禄决心重新造酒。他去过很多地方学习取经，包括广平乡魏王吴村、茌平酒厂，外出采购时也经常到酒厂去观摩。除此之

外，他还翻阅大量书籍，阅读了很多关于造酒的书。后来崔锡禄又到平阴的山头村学习，并在那里置办了造酒的工具。1990年，崔锡禄开始第一次造酒。第一年他只做了几斤，都是自己和家人喝掉了。接下来的几年，他每年都悉心摸索着做一些，一般都不会超过20斤。除了自己家用以外，也送给亲朋好友一些，请他们品尝。亲朋们的交口称赞增强了他的信心。1996年，供销社实行承包制。很多员工交钱买断工龄后离开单位，崔锡禄也是其中的一员。崔锡禄家里孩子多，共有5个女儿和1个儿子，家里的花销很大，于是崔锡禄决定自己创业。从单位辞职后，他做了50多斤酒到集市上卖，当地人逐渐接受了他做的酒。他去赶的集市有三十里铺集、教场铺集，还有迟桥以南的付庄集。

俗话说："冷出酒，热出油。"每年的农历十一月和腊月是出酒最多的时候，味道也最好。崔锡禄家里每年做酒的时间有5个月，从农历九月初九开始，到来年农历二月结束。做酒的工作主要是由崔锡禄夫妻两人完成。他们采购了玉米、高粱、小麦、大米、小米等粮食，将其粉碎后加入稻糠，然后用水调匀，并将调匀后的原料上蒸锅蒸。将原料蒸熟后，自然凉至30℃左右，然后放入发酵池，加入酒曲，搅拌后将发酵池盖严。发酵池需密封10天。10天之后，原料发酵成功。这时，向锅里注入井水，在锅上放好蒸笼，蒸屉上铺上干净的白布。再向发酵池的原料里掺入面子①，将其铲出，上锅蒸。蒸馏的蒸气经过冷却器，成为酒水流入容器。

崔锡禄的酒没有什么包装。如果到集上去卖，他就把酒装在大酒桶里，拉到集市上。买酒的人会自带塑料桶来灌酒。因为没有特定的包装，卖的酒是村民们所谓的"散酒"，所以"全盛勇"的名号并没有传响。但乡民们也并不在乎酒的名称，很多人直接将他的酒称为"锡禄酒"。"锡禄酒"也就渐渐地在当地村民中传开了，很多人不再买大酒厂的酒，转而买他做的酒。据村民们讲，崔锡禄的酒是纯粮食酒，属于传统做法，喝了不伤身，而很多酒厂的酒都是勾兑酒，不是粮食酿造的。现在，崔锡禄已经不用赶很多集卖酒了，很多买酒的乡亲会自带塑料桶到家里来灌酒。但崔锡禄并不存酒。他说："年蒸年了②，存不住。"另外，他认为当年蒸的酒酒劲大，酒存放的时间长

① 当地一般将玉米、高粱、小米的粉末称为"面子"。

② "年蒸年了"意思是每年蒸的酒都能卖完。

了就没有劲儿了,没劲儿的酒村民不愿意喝。

因为经营酒坊,崔锡禄不仅将儿女们顺利抚养长大,还改善了住房环境,新盖起了二层小楼。现在,崔锡禄夫妻两人已经上了年纪,做酒已经不如原来多了。他们的五个女儿已经出嫁,两个女儿嫁到南大吴村,一个女儿嫁到李庄,一个女儿嫁到仇陶,最小的女儿嫁到长清的万德镇。女儿们觉得他们年纪大了,做酒太辛苦,都不愿让他们继续做酒。崔锡禄的儿子在茌平县一家汽车养护店打工,无意接替他们的酒坊生意。

当笔者提到"酒神信仰"时,崔锡禄说他不了解酒神。他只相信科学技术,相信自己,不相信迷信。他说:"做酒,一要讲科学,二要学技术,三要人勤劳。"

第三章 节日与日常

刘庆洪村的村民过着典型的平原村落的生活。这里一年四季分明,村民们在赖以生存的土地上辛勤地耕作着。他们的生活节律顺应农时,有张有弛;既关心平时的柴米油盐,也喜欢节日的喜庆热闹。

一、节日

当地比较隆重的传统节日是二月二、清明节、端午节、中秋节、寒衣节、小年、春节、正月十五。其中,端午节、中秋节和春节尤其重要,被村民们称为"三大节"。由于村民的日常生产和生活都是依据农历进行安排,因此,以公历日期计算的妇女节、劳动节和国庆节等现代节日实际上并未真正走进乡民的生活中。

在刘庆洪村,比较突出的特点是,茶食普遍且大量地出现在村民的节日生活中,成为一种应和多个传统节日的重要节令食品。鲁西地区制作茶食的习俗由来已久,村民们将其称为"上席果子"(文雅的说法应是"茶肴")。因为有"大兴斋"茶食铺的存在,茶食这种食品与村落生活紧紧联系在一起。

茶食所对应的节令最主要是中秋节和春节这两个传统大节。每到这两个节日的前夕,村民家家户户都购买茶食。据茶食铺掌柜贾元臣回忆,这种节日礼俗大约是从20世纪80年代中期开始盛行。在这之前，茶食制作在当地也很普遍。据贾乾坤讲，“这里很早就兴做果子，但是一般老百姓都买不起”。1981年实行土地承包责任制后，农民生活条件开始好转。随着本村茶食铺的复现，村民很快将视线定格在茶食上，并选择它作为走亲访友的上佳食品。

(一)渐渐被人遗忘的“二月二”

在刘庆洪村，农历二月初二被当作土地爷爷的生日，又称作“打囤节”。这一天，村里家家户户用草木灰或炉灰在院子里撒成一个个大小不同的圆圈，然后在圆圈里撒上一把粮食，称为“打粮囤”。农村里有一种说法，如果出嫁的闺女在二月二还在娘家住，会踢了娘家的粮囤尖，致使娘家粮食产量歉收。所以这一天，回娘家住的闺女们都要回到婆家，不然哥哥、嫂嫂和弟弟、弟媳会不高兴的。二月二除了打粮囤外，还要在大门口撒上草木灰，老人们说这是为了把“活物”挡在外面，叫长虫、蛐蜒莫进来。此外，村民认为二月二是龙抬头日，会沿着墙根儿用草木灰撒一条长线，称为“引钱龙”，“引钱龙过路，百虫回避”。妇女在这天不动针线，害怕刺着“龙眼”。家家户户要炒料豆，又叫“蝎子爪”。头一天，村民会从教场铺或南大吴村一带或村边沟沿上弄来些细沙，筛干净，晒干，晚上用盐水把黄豆泡起来。二月二这一天，家庭主妇们就把细沙放到锅里炒热，然后把黄豆放入沙里面翻炒，直至炒熟为止。这些料豆就成为人们的零食，家里来客人时会拿出来待客，孩子们外出玩耍时也总不忘抓一把放在口袋里吃。这些料豆通常被装入玻璃瓶子密封存放，可以存放好几个月，但一般家庭会在农历六月前吃完。过了六月份料豆就会发绵①，就不好吃了。

进入新世纪，这些习俗渐渐被人们所淡忘，甚至很多人家常常忘记二月二的存在。现在的家庭主妇从20多岁到50多岁不等，很多人都不再打囤，有些人甚至不知道怎么打囤。此外，炒料豆的人家也很少了。现在人们的生活节奏变快，二月二的时候很多人都已经外出打工了，在家里的人也有蔬菜水果大棚要照料，没有时间炒料豆。更关键的是，现在的食品多种多样，料豆似乎失去了它的诱惑力。

① “发绵”即变软。

(二)清明节与寒衣节

在刘庆洪村,清明节和寒衣节两个节日主要的活动是上坟祭祖。茶食作为一种节令食品,其最主要的两个功能,即用来祭祀和人际交往,所以茶食也出现在这两个节日中。

清明节在当地也叫"寒食节"。实际上寒食节后第三天才是清明,但当地对两者并不作明确区分。村民往往将这个节日定为三天。传统上,第一天不能动火做饭,要冷食。一般是在头一天晚上煮好鸡蛋,烙单饼,以备寒食节食用。现在这个习俗已渐渐消失。清明时家家户户都折柳枝插在门上和房梁上,孩子会将柳条编成环形戴在头上。清明节这天,人们要带一些祭品如饼干、水饺和清酒等祭扫祖坟,为祖坟清理荒草,在坟上添新土,也为祖先烧一些纸钱,表示儿孙后代的孝心。这个节日也是出嫁的女儿回娘家上坟的日子,时间最好是在清明节后的三天之内,最晚不能超过节后第十天;否则,不但娘家兄弟会责怪,外人也会笑话其不孝。这个节日购买茶食的人较多。刘庆洪村的闺女和媳妇回娘家上坟时,通常带的东西就是茶食和黄表纸。如果父母去世的时间是在三周年之内,通常带 6 斤茶食和一刀黄表纸;父母去世三周年以后,则带 2 斤茶食和一刀纸。

寒衣节的节期是在农历十月初一,当地村民称这个节日为"十月一"。这个节日的主要活动是为死去的祖先送寒衣,当地村民称之为"烧包袱"。当地有用包袱包裹衣服的惯俗。换季时,家里的主妇将拆洗过的衣服用包袱包裹起来存放。出远门时,人们将换洗的衣服打成包袱随身携带。向他人赠送衣服时,也是用包袱将其包裹起来。因此,村民们将为祖先送寒衣形象地称为"烧包袱"。在送寒衣的同时,儿孙们还要为祖先的坟头添新土,意思是为祖先修好房屋,以免冬天透风进寒气。对出嫁的女儿来说,如果父母已经过世,在"十月一"后的三天内必须回娘家给父母上坟。除了向去世的父母孝敬寒衣外,女儿还一定要给父母带上好吃的东西,而当地村民们认为最合适的就是茶食。

(三)端午节

端午节在当地还被称为"五月旦午""五月节"。村民之所以将五月端午称为“五月旦午”，是有方言的因素在内，还有一个原因是过去很多村民不识字，也不知道端午的“端”是哪个字，最终以讹传讹，将五月端午说成了“五月旦午”，并就此流传下来。过去，在端午节这天，村里有用桑叶包粽子的习俗，里面包上黍米和大红枣。现在村里早就没有桑树了，枣树和黍子也大量减少，因此端午节包粽子的习俗逐渐消失。现在每到端午节，村民就包水饺或包子，以示与日常饮食的不同。另外，这一天家家户户都会在门上插艾蒿，村民认为门上插艾蒿可以驱虫避邪，有吉祥的含义。孩子们手腕儿、脚脖儿上也会戴五色丝线，或者是老人缝制的小红辣椒，老人认为这样可避免孩子生病或被东西吓到。过去端午节有人给幼儿穿“五毒”肚兜，上面绣有蜈蚣、蝎子、壁虎、蜘蛛和蛇，也是有祈求孩子平安的寓意。现在很少有人能刺绣了。

胡同口访谈

另外，端午节对那些刚刚订婚的男青年家有特别的含义。这一天，青年男子要到未来岳父母家里送节礼，其中茶食是必不可少的。关于这一点，笔者将在下文结婚礼俗中详细阐述，这里就不再赘述了。

(四)中秋节

当地村民习惯将中秋节称为“八月十五”。在村民眼中，中秋节要“月圆人也全”，是个合家团聚的日子。很多在外工作的人最晚也要在中秋节当天下午赶回家过节。

这一天，刘庆洪村的村民们都要到贾家去购买他们的“果子”。中秋节期间购买茶食，第一个用途是作为敬神的供品。贾元臣说：“果子是敬天的东西。”中秋节之夜，当地有在庭院里摆上供桌祭祀月神的习俗，称其为“圆月”。届时，在供桌上会摆上时令瓜果如苹果、石榴、柿子等，在桌子的一边

八月十五“圆月”

往往还放上一些带豆荚的青豆。茶食及月饼则是供桌上必不可少的供品。当地村民将月神称为“月姥娘”或“月亮奶奶”。因为月神是女神,所以村民们认为祭祀月神时不能用荤腥的东西,要用水果和点心,并且认为月饼和茶食是最适宜的祭品。青豆则是用来喂玉兔的。祭祀月神完毕后,全家围坐在一起,分吃月饼、茶食。中秋节购买茶食的另外一个用途是用于馈赠。儿女购买“果子”送给年老的父母,以示对老人的孝敬;订婚的男青年要给准岳父母送礼,礼物里面必定要包含茶食。茶食是村民中秋节的必备品,甚至有的村民认为八月十五可以没有月饼,但不可以没有茶食。

(五)小年

腊月二十三为传统的“辞灶日”,当地又称“过小年”“小年下”。外出务工的村民一般都会赶在小年以前回家,住在娘家的媳妇也要赶在小年前回到婆家,大家会说“回家过小年”。

当地俗语称:“腊月二十三,灶王爷上天。”这天的节日活动是“辞灶”,又称“送灶”,即辞送灶神上天言事。村民们将灶神亲切地称为“灶王爷”,把这天的活动说成“打发灶王爷上天”。

在传统乡村生活中,村民们普遍认为,灶王爷是玉皇大帝派到人间各家各户视察善恶的小神,完成一年的监督任务后,在腊月二十三这一天回天界向玉皇大帝禀报这一家人一年来的言行。玉皇大帝就根据灶王的汇报来决定为这家人是降福还是降祸。村民们对灶王爷的态度也就比较复杂:一方面对他非常敬畏,怕他到玉皇大帝那里说不好听的话,因此尊称他为“一家之主”;另一方面又有些看不起他,这是因为他在神界的地位很低,又喜欢到玉皇大帝那里说三道四。为此,村民在腊月二十三这天就选用甜和黏的食品当作辞送灶王爷的供品，如柿饼、黄面窝窝[①]，用意是让灶王爷的嘴巴甜甜的，到天庭多说美言，同时让他在想说坏话时嘴巴被粘住，张不开嘴。虽然茶食也是甜的，但是村民从来不将茶食作为供奉灶王爷的供品。他们认为茶食太贵重了，灶王爷和自己是一家人，用不着这样贵重的供品。言外之意，大家并没有将灶王看成一个高高在上的神灵，而是将其当作世俗中人，自己身边的人。

很多地方有“男不拜月，女不祭灶”的说法，但刘庆洪村的村民辞灶不分男女，男女主人都可以主持，而且往往由家庭主妇带领孩子们祭拜。祭拜的时间是在晚饭前。祭灶时，除了在灶台上摆放甜食、黏食外，还有当天晚上煮的水饺。先将水饺汤在灶前浇奠一下，焚香烧纸、磕头，然后揭下贴了一年的旧灶神像烧掉。主妇跪在地上，边烧神像边念叨：“灶王爷爷您是一家之主，一年来保佑得家里老小都平平安安，到那边多说好话，大人孩子有做得不对的地方，望您多担待。祝您一路上顺利，大人孩子都交给您了。”主妇祭完灶后，就告诉孩子：“快给灶王爷爷磕个头，保佑你们平平安安的。”

祭拜完灶王爷，人们才开始吃晚饭。小年年夜饭是水饺。当地村民俗信“启程饺子落脚面”，认为吃了饺子赶路便会有“脚程”。灶王爷这天要不远万里上天庭，所以要吃饺子才好赶路。

小年对于孩子来说是久已盼望的节日。那些糖果、大枣，带着糖霜的柿饼，甜甜的黏糕，对馋嘴的孩子来说都是诱人的美食。从这一天开始，小孩子便可以跟着大人赶年集，家里开始为孩子们添置新衣，大街上也时而响起透露着新年信息的鞭炮声。

小年年夜饭——水饺

① 黄面窝窝，用当地出产的黍米和大红枣做成。蒸熟后的黍米面呈金黄色，因此称“黄面窝窝”。刚出锅的热腾腾的黄面窝窝又甜又黏。

赶年集

村民认为"过小年"是"过大年"的开始。小年过后,各家各户便开始了热闹的"忙年"。首先是打扫卫生,民间又称"扫尘"。村民通常是在腊月二十三以后的几天里,选一个天气晴朗的日子,全家老少一起上阵,彻底清扫房屋院落。先是屋内,用竹竿绑上扫帚清扫屋顶棚上一年的积尘,再擦洗家具及各种摆设。床单被罩、家人衣物以及锅盆筐篮等炊事用具都要清洗。有时一天干不完,第二天就继续干。屋里打扫干净了,房前屋后及院落也要清扫干净,院墙有破损的地方也要修补。村民说这是为了干干净净过个年。

小年过后,农家男人们忙着杀猪宰羊,赶年集,置年货。年集上货品琳琅满目,行人川流不息。人们除了置办各种菜肴及烟酒糖茶外,还购买对联、年画、鞭炮、黄表纸,请香请神。请神即购买神祃,也就是神画像,其中包括灶神像。妇女们这几天忙着蒸馍馍、包包子、蒸枣花糕,炸丸子、藕合、面叶、糖糕、鱼、肉。从腊月二十三到大年三十,每天都安排得满满当当。

年集上的家堂轴子

小年过后,过门及未过门的女婿都要去岳父家送年货,称之为"送年礼"或"送节礼"。民间还有一种说法:辞灶后,诸神上天,百无禁忌。过去贫穷人家常在小年过后进行嫁娶,就算出现差池,也没有禁忌,以避礼数不周之嫌。现在农村还有集中在年底结婚的习惯。

（六）春节

春节时期，各家购买的茶食数量要比中秋节多很多。各家各户都将年前购买茶食当作大事来办，谁家过年也不能少了茶食。有青壮年成员的家庭，过节所购买的茶食数量从八九斤到几十斤不等。很多独居老人在过节时并不购买茶食，因为他们有儿女买来茶食孝敬自己。村民在购买茶食时，一般不在乎种类，通常是将铺子里所做的各个品种都买上一些，但一定要有传统正式的包装。在节日前夕，无论是茶食铺里还是在集市上，购买茶食的乡民络绎不绝。

大年三十下午，各家各户要到祖坟上请列祖列宗回家过年，称“请家堂”。“请家堂”的任务一般是由家里男主人或长子承担。到祖坟时要带上信香和黄表纸。烧香是给祖先送信，烧纸是给祖先送钱。为表示心中的虔诚，村民请祖先回家过年要步行去、步行回。他们来到祖坟前要念叨：“爹、娘，爷爷、奶奶，老爷爷、老奶奶，咱回家过年了。”回家以后，各家堂屋里正中墙上挂起“家堂”。“家堂”上画的是祠堂的样子，有古式的门楼、院落、祭厅、祭桌。门楼上有匾额，上写“×氏家祠”。如刘氏家族的“家堂”门楼上写有“刘氏家祠”，祭厅的匾额上写有“光前裕后”。祭厅最上排是太始祖的牌位，往下是各位列祖列宗按辈分排列的牌位。“家堂”下面是条山儿，平时放一些摆设，这个时候会摆放一个折子，上面有家族里新近过世的一些人的牌位。条山儿外面正中的八仙桌上摆放着为祖宗们准备的供品。供品当中除了炸货、方肉、豆腐、水果之类，必不可少的还有茶食。人们通常是打开一封茶食放在盘里，或者直接将一封包装完好的茶食放在供桌上。

除夕这天，家家户户会贴春联。过去很多人家都是裁好红纸，请村里会写毛笔字的人写春联。年集上也会有人支好桌子，边写对联边卖，现在很多的春联都是印刷的。人们可以选择自己喜欢的春联内容。有的春联表达了人们对美好生活的向往，如“万事如意步步高，一帆风顺年年好”，横批“吉星高照”；有的春联表达了村民们过节的喜悦，如“春回大地山欢水笑，日暖神州国泰民安”，横批“欢度春节”；有的春联则是宣扬良好家风，如“人勤百业旺，家和万事兴”，横批“勤俭持家”。

过去，除夕晚饭一般都是水饺；现在，村民们除了包饺子外，还会做几道

春节燃放鞭炮

菜，年夜饭比从前丰富多了。晚饭以前，家家户户燃放鞭炮，村里的鞭炮声此起彼伏。过去村民会在主街上烧旺火。大人们抱来成捆的秫秸，点燃后熊熊火光冲天，寓意越烧越旺。孩子们都围在旺火周围，兴奋地看着熊熊烈火，大火照红了一张张稚嫩的脸庞。秫秸偶尔会发出“噼啪”的破裂声，还有淘气的男孩子会突然往火堆里扔鞭炮，随即发出的脆响声会吓得一些孩子尖叫着后退。大火燃烧到最后，秫秸捆往往会歪倒在一边，这时人们会根据秫秸捆歪倒的方向预测相应方向的村庄来年会有好收成。比如，若是最后秫秸捆的灰烬向东倾倒，村民们会说“明年东边好年月”。过去，烧旺火是过年时孩子们最喜欢的活动；自从电视机在村里普及后，这种习俗就逐渐消失了。现在大人和孩子们在年夜饭后围着电视观看节目已成了习惯。

午夜12点，家家户户要燃放鞭炮。这是新年的鞭炮，村民们对此很重视，尽量准备长挂鞭炮，有些人家都准备一千响的鞭炮。燃放鞭炮的时候，主妇们开始煮更年饺子。煮熟的饺子要先供奉祖先和各路神仙。先盛三碗饺子放到供奉祖先的八仙桌上，再给每一个神仙盛上一碗。盛饺子也有讲究：每个上供的饺子碗里面盛三个饺子，再舀进一勺饺子汤。主妇们把饺子碗分别端到各位神仙的供位前，倒出饺子汤，就算请各位神仙用过饺子了。家里供奉的神仙一般是天爷爷、财神、灶王爷，有的农户家里还供奉菩萨、泰山老奶奶。给祖先上供一般是由男主人进行。上完供后，家人们开始围坐在一起吃更年饺子。这一顿饭是新年的第一顿饭，所以家里所有人都要吃这顿饭，小孩子即使睡着了也会被喊起来吃饺子。有的亲人出门在外，没能赶回家过年，也要给他盛上饺子，把碗放在家人就餐的桌上，表示外出的人与家人一起就餐，象征合家团圆。还有一点要注意，吃水饺时不能把碗里的饺子全部吃完，要至少留一个饺子在碗里，不够吃可以再去盛。有的饺子里面包上了硬币，谁吃到了硬币，就预示着谁在新的一年里会有好运气。

吃完更年饺子后，就表示新的一年开始了。这时候孩子们都去睡觉了，家里的男主人要守着供桌，等着第二天拜年。十几年前，村民们都是大年初一早早就起来，全家吃完早饭，穿戴一新，然后外出拜年。拜年主要是由男性和已婚妇女参加，未婚女孩只给自家的祖先和父母拜年，不参加外出拜年的活动。拜年一般是先从与自己关系最近的本家族开始，男女分开拜年。从本家族拜完年，人们就聚集在一起，三五成群地集体去外家族拜年，往往拜遍全村。刘庆洪村三姓家族祖先姻亲关系相连，相互之间论行排辈，拜年时都知道应该怎么称呼对方，喊“爷爷”“大爷”还是“叔”，心中很清楚。拜年时，除了给各家的祖先牌位磕头外，还给各家在世的长辈拜年。这些在世长辈们一般只接受本家晚辈磕头拜年，外家族晚辈不需要这么做。拜年活动使村民间的感情得到巩固。就算平时彼此之间有点小矛盾、小过节，拜年时迈入家门，一句“给您拜年了”，对方也就一笑泯恩仇了。拜完年后，村民们就会聚在一起聊天，主人以瓜子、糖果、茶水招待客人。这样一来，拜年这项活动就得持续一上午。现在，拜年的时间越来越早，改到除夕夜里零点以后。人们看完了春晚，吃完了更年饺子，在家里祭拜完后就出门拜年。拜完年一般是在凌晨两点多钟，再各自回家睡觉，第二天就不用早早起床了。初一下午，本家族的男人们集体“送家堂”，各家都把供奉的“家堂”从中堂位置上撤下来，然后带上黄表纸和鞭炮，步行去祖坟烧纸、放鞭炮。

对孩子们来说，春节最高兴的一件事是能收到数目不等的压岁钱。当新年钟声敲响以后，孩子们就迫不及待地给爷爷奶奶磕头拜年，这样一个小小的红包就收入囊中。

除夕和大年初一主要是本家族和乡邻们的活动。从初二开始，村民们就开始走亲戚，与朋友、同学聚会了。

(七)正月十五

正月十五这天，主妇们早早起来做饭。她们拿出年后从娘家带回来的枣花糕，根据家里人口数切成相应的几块。早饭时，家里每个人都要吃一块，寓意家里人都能“升高”。枣花糕是用面和蒸熟的大红枣做成的。一个

枣花糕最少要做三层高，也有四五层的。糕的顶端铺上用面皮剪成的花朵，花朵中间用牙签插上一颗包着一圈面皮的大红枣，是为“糕顶”。这个糕顶一般要送给正在上学的孩子吃，希望他能登上学业的顶峰。如果家里上学的孩子有两个以上，主妇就要发挥自己的刀功，将糕顶分成几瓣，让孩子们都能分到一瓣。如果家里有孩子面临升学，这个糕顶就全都留给他自己吃，希望他能金榜题名。

过去，这一天往往会有邻村的高跷队和走旱船的来串村。这种高跷队从一个村开始走起，每经过一个村就会有一些会踩高跷的人加进来，这样高跷队伍的人数越来越多，队伍也就越来越长。围观的村民就在队伍旁边跟着跑。这种习俗早在20世纪80年代就逐渐消失了。现在村里已没有人会踩高跷了。

傍晚，主妇们会举着灯或蜡烛将家里角角落落照一个遍，比如门后、屋角、床底下、米缸里等，称为“照冥”。晚上，每家院子里和房顶上都挂上灯笼，整个村子灯火通明。过去都用玻璃灯罩的煤油灯，现在都改成电灯了。近些年来，有些村民晚上会挂起一闪一闪的电彩灯。孩子们会挑着家长给做的萝卜灯、南瓜灯、白菜疙瘩灯到街上玩耍。如果天气晴朗，晚上的月亮会照得村里村外亮堂堂的。20世纪80年代以前，正月十五晚上附近村里有唱大戏的。大姑娘、小媳妇会结伴到邻村去看戏，小伙子们也会结队前往。月亮下，男男女女走在乡间路上，嬉笑打闹，似乎并不关心唱的是什么戏，更看重看戏的过程。随着电视机的普及，现在正月十五留在家中看电视的人多了，外出玩耍的人少了很多。

以往正月十五这天还有一个禁忌，即新过门的媳妇头三年不能在婆家过正月十五，要回娘家过。娘家人一般会派新媳妇的娘家兄弟或侄子来接。娘家人来接新媳妇要尽量赶在正月初十以前，如果过了这一天再来接，婆家就会嫌新媳妇娘家人穷气。过完正月十五以后，娘家人可以在第二天将新媳妇送回婆家，也可以在二月二以前送回。这个习惯曾被一些老辈人严格遵守。村里曾有一个媳妇，快到预产期了还被赶回娘家过正月十五。结果到了正月十五当天，这个媳妇要临盆生产。而当地还另有一个风俗，就是出嫁的女儿不能在娘家生产，生产时的血光会给娘家带来不祥。最后经过斟酌，娘家人又把产妇送回婆家。送回婆家时，产妇还不能看婆家的灯，于是就在其头上扣了一个箩,箩上盖了一件衣服,产妇蒙着头回到婆家。这种习俗现在虽然还继续存在,但已没有原先那么讲究了。

二、走亲戚

走亲戚是村落里一种非常重要的人际交往方式。在刘庆洪村,走亲戚除了是姻亲之间的往来,还包括非姻亲关系的同学和朋友之间的交往。走亲戚的时间一般集中在麦收以后、中秋节期间和春节以后三个时段内。

麦收以后是一个相对空闲的时期。这时麦粒归仓,人们心中都充满了丰收的喜悦。传统上,这时走亲戚是用由新麦蒸制的馍馍作礼物,意在让亲朋好友品尝新麦。亲戚见面以后,或聊聊春节过后这半年来的情况,或谈谈小麦的收成和玉米的播种情况。主人招待客人也是常用由新麦面粉做的面条、烙饼等。

对村民来说,中秋节确实是一个很重要的节日。但是中秋节正值农忙,一茬又一茬地拾棉花已经开始,玉米、大豆也进入了将要成熟的关键时期。这时走亲戚的只是出嫁的女儿回娘家,并不探望别的亲戚。女儿回娘家的日子可以选在八月十五之前,也可以在八月十六当天。

中秋节前夕,村里茶食铺的生意很火。除了村民要购买茶食作为节令食品外,每个出嫁的女儿都要购买茶食回娘家。女儿们送给父母的茶食没有定数。如果出嫁的女儿多,女儿带的茶食就比较少,一般是每个女儿给父母送来 2 封茶食。女儿送给娘家的茶食只是给父母享用,父母不再用作走亲戚的礼品。80 岁的老人吴传英为村民崔玉庭之妻,夫妻共育有 1 个儿子和 3 个女儿。儿子崔锡禄 60 岁,目前独自经营一个家庭酿酒作坊。崔锡禄育有4 个女儿和 1 个儿子,儿女都已经成家立业。吴传英的 3 个女儿均已出嫁外村。大女儿 54 岁,出嫁到 2 公里以外的大尉村;二女儿 52 岁,出嫁到 4 公里外的三十里铺;三女儿 45 岁,出嫁到 3 公里外的朱庄。其中,二女儿家庭条件最好。逢年过节,这些儿女孙辈都会给吴传英夫妇送来礼物,表示孝心。根据调查我们了解到,到农历八月十四为止,吴传英收到的礼物有:二女儿送的2 斤猪肉和 4 斤茶食;儿子送的2 斤茶食和自家酿的 1 桶酒;孙子送的 2 斤茶食;孙女们赠送的 6 斤茶食。这样,吴传英在中秋节前收到的茶

食共计14斤。另外，还有2个女儿和1个孙女要在八月十六再来，她估计这个中秋节自己至少要收到20斤茶食。

春节过后，刘庆洪村的村民们也开始走亲戚。这个时候，春节前夕购买的茶食就派上了用场。依据亲戚关系远近的不同，村民携带茶食的数量也不一样，对方是否留下也不一定，这在当地很有讲究。以男方为表述主线，走亲戚及对茶食的处理情况如下表所示：

茶食赠送情况统计(以男方为主线)

亲戚关系	岳父母	舅父	姑母	姨母	大姐(50岁以上)	大姐(50岁以下)	舅姥爷	姑奶奶	朋友
数量	6斤/4斤	4斤	4斤	4斤/2斤	2斤	2斤	2斤/1斤	2斤/1斤	6斤/4斤
处理方式	一般是全留下	留一半	留一半	留一半	留一半	不留	留1斤或不留	留1斤或不留	留2斤

在这些亲朋好友中，给岳父母的礼物是最贵重的。关系要好的朋友，在当地通常要当作重要的亲戚来对待，所带的礼品中最少要有4斤茶食，有的甚至带6斤。当然，对方也会隆重地招待客人。在拜访结束时，茶食要留下一半。如果对方的父母均已不在世，茶食就不会被留下了。这里的含义是，茶食实际上是赠送给对方父母的礼物，而不是送给朋友本人的。

女方走亲戚时所带茶食数量及处理方式如下表所示：

茶食赠送情况统计(以女方为主线)

亲戚	娘家	舅家	姑家	姨家	大姐(50岁以上)	大姐(50岁以下)
数量	6斤/4斤	4斤/2斤	4斤/2斤	一般不带	2斤	2斤/不带
处理方式	一般是全留下	留一半	留一半		留1斤/不留	不留

村中一位刘姓村民在2008年春节后的亲友往来情况如下：

男主人的战友：在年后互访时，双方所带礼品都是4斤茶食和2斤酒。以往每年他会留下战友的2斤茶食和1斤酒。今年男主人的父亲去世，其母亲多年前已经亡故，因此，今年他就不会再留下战友的礼物了。

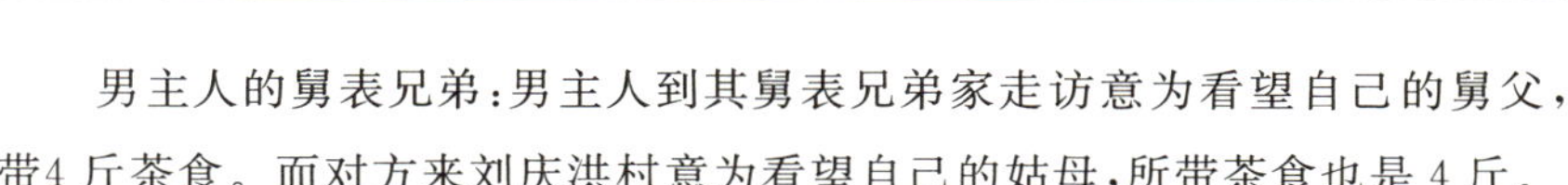

男主人的舅表兄弟：男主人到其舅表兄弟家走访意为看望自己的舅父，带4斤茶食。而对方来刘庆洪村意为看望自己的姑母，所带茶食也是4斤。

男主人的姑表姐妹：男主人有2个姑姑，均出嫁到外村，相距刘庆洪村分别为3公里和1.5公里。大姑只有1个女儿，小姑则有5个女儿。男主人去看望姑母时都是带4斤茶食，对方留下2斤。姑表姐妹来刘庆洪村意为看望自己的娘舅，所带礼品为4斤茶食和2斤酒，男主人通常留下1斤茶食和1斤酒。

男主人的姨表兄弟：男主人娘姨有4个儿子。他们来刘庆洪村意为看望自己的姨母和姨父。其中3个人所带礼品均是4斤茶食和2斤酒；另外一人在南方开工厂，生活富裕，每年都是带1箱牛奶和2斤酒。

女主人的同乡：女主人是外地人，当初和同省的几个姑娘一起嫁入当地，关系很要好。年后互访时，双方都是带6斤茶食和2斤酒，一般会留下对方的2斤茶食和1斤酒。

按当地老规矩，一个妇女与她的姨表兄弟姐妹不属于在谱的亲戚关系，他们之间可以随时中断来往；但是一个男子与他的姨表兄弟要按照传统礼节将关系发展下去。也就是说，同胞姐妹之间的关系要在双方儿子而不是女儿身上延续。已婚男子去看望自己的姨母时，礼物中肯定会有茶食，一般是2斤；而已婚女子在探望自己的姨母时，一般不带茶食。村民石云英告诉笔者，其姨母在世时，每年拜访完大部分亲戚后，她才去看望姨母，时间一般是正月初八、初九以后，那时也不带茶食这种贵重礼物。姨母去世后的最初三年，她每年正月初二去给姨母上坟时，才会带2斤果子。姨母去世三年后，她与姨母家渐渐地就不走动①了。

在刘庆洪村，如果已婚的儿子已经与父母分家，那么中秋节和春节前夕就要给父母送礼。中秋节前夕一般是送1～2封茶食。春节前夕，儿子们会给父母买一些猪肉，送2斤茶食则是必不可少的。如果过节时儿子不送给父母任何礼物，会被认为是不孝之子而被其他村民耻笑。另外，已经结婚成家的侄子们，在春节前夕通常也要给自己的叔伯们送礼，以表示敬意。这里的叔伯是指自己父亲的同胞亲兄弟。送礼的时间大部分都是在除夕当天，

① “走动”是当地方言，指节日期间尤其是春节之后亲戚或朋友之间的互访。“不走动”指春节之后相互之间不来往，也表示双方如有婚丧嫁娶及添丁进口之事，也不再向对方报信。双方中断礼俗交往活动后，遇有困难一般也不再向对方求助。

有的甚至在黄昏时刻再到叔伯家里去，礼物通常是1斤茶食或1斤酒。

三、赶集

村民的日常贸易活动通常在方圆10公里以内的集市上进行。刘庆洪村周围共有8个集市：三十里铺集、大尉集、教场铺集、付庄集、韩集、石海子集、陈集、铜城。它们的集期以及与刘庆洪村的距离如下表所示：

刘庆洪村周围集市

集市所在地	集期（农历）	与刘庆洪村的距离（公里）
三十里铺（当地镇政府驻地）	逢五、十大集，逢三、八小集	4
大尉村（大型村落）	逢三、逢八	2
教场铺（中心村落）	逢四、逢九	2
韩集（韩集乡政府驻地）	逢二、逢八	5
石海子村（大型村落）	逢五、逢十	3
铜城（东阿县城）	逢一、逢六	9
付庄（东阿县大型村落）	逢四、逢九	8
陈集（东阿陈集乡政府驻地）	逢四、逢九	13

刘庆洪村的村民去得最多的集市是三十里铺、大尉村和教场铺。除了出行便利外，传统习惯也是一个重要原因。一般来说，三十里铺主要买卖农副产品和农用工具、牲畜、种子、化肥等生产资料；大尉集主要是出售蔬菜和水果；教场铺的集

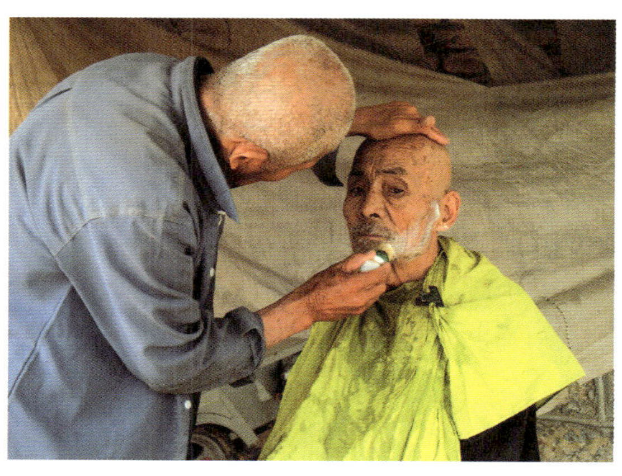

在三十里铺集上刮脸的老人

市上多出售食品和服装。韩集是人们口中的“吃集”,有很多小吃摊。有些小吃是现场制作,如板油火烧、吊炉烧饼、油条、油炸糕、油饼、蒸包等,有些则是提前制作好装在大坛子里运来,如豆腐脑、胡辣汤等。现在韩集上的小吃摊数量有所减少,卖服装的小摊多了起来。

韩集上的油酥火烧摊

现在集市上的商品种类极为丰富,有村民日常所需的蔬菜、水果、肉类、鸡蛋以及其他副食品,另外,还有农具、服装鞋帽、布料、儿童玩具等。村民就近赶集一般都能满足自己的日常生活需要。

在20世纪,像酱油、醋、食用油、西瓜等商品,一般都有小商贩走村串乡叫卖。有的商贩还带着响器,如卖香油的人带着小锣,卖豆腐的人则带着梆子。过去,买酱油、醋这些东西都要由村民自己带瓶子去灌,被村民们称为“打酱油”。现在,村民可以到镇上的超市里去买这些调味品及食用油了。过去,村民购买家具、家电等重大物品时要到铜城[①]、茌平或聊城等地;近几年来,在三十里铺和韩集已经出现了专门出售家具和家电的店铺。

四、娱乐消遣

刘庆洪村的村民们是勤劳的,青年男女除了在农时努力耕作外,有的还

① 铜城,东阿县城,在刘庆洪村以南9公里。

利用自己的特长或根据实际情况发展副业。在劳作之余，村民们也拥有丰富多彩的娱乐生活。

(一)村民的消遣

随着社会的发展，村民的闲暇活动也在不断地变化着，但“拉呱”这种消遣在村民的娱乐生活中一直长盛不衰。

拉呱，即村民聚在一起闲聊。随着村落的规划发展，村民经常拉呱的地点有些变化。20年前，村民拉呱的地点一般是在村西头的小桥头上，那里是进出村庄的必经之地，有一棵大槐树，茂密的树叶遮起一大片阴凉，老人、孩子就在树底下乘凉，从农田干活回来的村民也会在这里休息一下，赶集回来或去外村的村民路过这里时也会停下唠唠嗑。在这里，人们可以接收到村里最全最新的信息，比如谁赶集买了什么东西，谁去哪里走亲戚了，谁家闹矛盾了，等等。

从小桥头往东大约10米，曾经是第三生产队的牛棚。这是一个很大的院落，里面喂养着生产队的牛。院落的出口是一个很宽敞的大门洞，通风条件好。过去，很多妇女夏天午后会在这里乘凉。她们铺上席子，或带着凳子，坐在这里一边纳鞋底一边拉呱。生产队小队长看不惯，戏称这个大门洞是“懒老婆厅”。另外一个拉呱的好去处就是村落中间学边坑的北沿。那里有一排大柳树，紧靠村里的大街，大街北侧曾是村里的代销点，水坑的西沿是通往村南的路。这儿也是一个信息集中的地方，到坑上来洗衣服的女人们，去代销点买东西的人，从村南干活回来的村民，总能在这儿找得到拉呱的人。

拉呱的内容多种多样，有故事、笑话，还有各种家长里短。讲故事时，村民常用“人家说有一个……”来开头。村民常爱讲“一个拙媳妇”的故事：

> 人家说有一个拙媳妇，她婆婆让她拿个盆子和面蒸干粮，自己则在院子里缝被子。一会儿儿媳妇说把面和鬎[①]了，婆婆就指挥媳妇加面，一会儿儿媳妇又喊：“娘哎，面又和硬了！”婆婆就说：“怎么这么笨啊，面硬了再加水啊。”就这样几次下来，儿媳妇又喊：“娘哎，面盆装不下了，

① “鬎”，当地方言，指和泥、和面等水放多了，过于稀软；也可以指物体不硬实，如说“这根棍子忒鬎了”；还可以指人软弱、没能耐，如夸奖一个人“他这个人不鬎”。

您老人家来给俺帮忙，把面挪到缸里和吧！”婆婆急了，喊道：“看你这个拙笨样儿，我要不是把自己缝在了被窝里了，早就出去打你了！”

在村里电视机普及以前，村民们喜欢的娱乐活动还有听说书和看电影。每到夏天或冬天农闲时候，村里党支部会请说书人到村里来说书。大队部给说书人一定的报酬，负责说书人的食宿。说书人有时在大队书记家吃饭，有时由大队部派饭到村民家里，花费由大队部补助。说书在晚上进行，夏天是在村落中间的空地上，冬天则在大队部屋里。说书时点上嘎斯灯①，灯光很亮。说书人一般会带着一个琴师，说书人自己敲鼓打板，琴师拉三弦伴奏。有的说书人打板用的是竹板，有的用的是铜板。一个说书人一般在村里能演出十几天，若说得好的村民也愿意听，有的说书人能连续待上1～2个月。当时刘庆洪村所在片区最受欢迎的是一个名叫杨泽木的说书艺人。他说书时，每到傍晚孩子们就带着板凳提前去占位子，有的没带凳子就用砖头占位子。晚饭后说书人打起鼓点，先说一个小段，不进正书，目的是等等其他人。村民听见鼓点响起来，就急急忙忙地往外赶。说书开始前，杨泽木一手打着竹板一手敲鼓，开唱时左手打竹板，右手打夹板，其唱腔激昂，动作潇洒，乡亲们听得、看得都很过瘾。唱到伤情处，下面的村民也跟着唏嘘不已。杨泽木常说的书目有《杨家将》《岳家军》《罗成》《呼延庆》等。

20世纪90年代以前，乡里成立电影放映队，在各村轮流放映。来到刘庆洪村时，孩子们都欢天喜地。电影幕布拉起来后，大小孩子都忙着占座。最好的座位是放映机的两侧，这里既遮挡不住放映机的光线，视野也开阔，关键是在放映员换片子时可以近距离观看放映员的操作。在信息贫乏的年代，村民们对这些事物都表现出极大的好奇心。

90年代以后，各家各户慢慢地都买上了电视机。村民在结束一天的劳作后，晚上观看电视节目成为一种新的消遣。家里还没有电视的村民就会到有电视的邻居家看电视节目。

近几年来，村里的妇女们开始流行跳广场舞。这些妇女中，有20多岁的新媳妇，也有70多岁的老太太。晚饭后，她们收拾完家务就走出家门。跳

① “嘎斯灯”，20世纪七八十年代很流行的一种灯。当时大队部和小生产队里有，普通村民家里有的很少。这种灯使用一种灰色的电石块，加水后产生一种气体，气体顺着灯管上来，点燃后非常明亮。在没有电灯的时代很受村民喜欢。

舞用的音响是开超市的崔迎春媳妇买的，因此大家都到超市的门口跳；后来，大队里送了一套音响，跳舞的地点就换到了大队部大院。跳广场舞极大地丰富了村民的精神生活。有的老人笑言说：“跳舞跳得着了迷，走着坐着想跳，做个饭、烙个饼也走着那舞步。”村里现在组织了舞蹈队，起名为“舞动健康舞蹈队”“越跳越美舞蹈队”，经常参与活动的有 9 人，主要组织者是妇女主任吴立新。村民崔金菊是乐平铺镇广场舞协会的会长。

刘庆洪村舞蹈队

除了平时跳舞外，村里的舞蹈队也经常自己排练节目。2016 年，刘庆洪村广场舞蹈队参加了在平县城文化馆组织的广场舞比赛。当时有 26 个村的舞蹈队参赛，刘庆洪村舞蹈队取得了不错的成绩，也因此在周边地区出了名，周围乡镇有活动时经常邀请她们去跳舞。2017 年上半年，刘庆洪村舞蹈队参加了 3 次活动：第一次是参加郝集一家种子公司的庆典活动；第二次是参加三十里铺的红双喜婚庆公司的活动；第三次是参加三十里铺的汇丰农资种子公司的活动。刘庆洪村舞蹈队有统一的服装，这是第一次去在平县城参加比赛时，由村委出资买的。2017 年 8 月初，刘庆洪村舞蹈队参加了由县文联主办的第四届广场健身舞比赛。这次的服装是她们自费从网上买的，上衣是迷彩 T 恤，下装是大红色短裙。这次比赛先是在各乡

刘庆洪村舞蹈队参加 2017 年在平广场舞大赛

镇设分会场进行初赛，初赛通过后再到县城参加决赛。刘庆洪村舞蹈队比赛的舞曲是《浏阳河》。

(二)儿童游戏

1."打耳"

刘庆洪村有很多传统的儿童游戏。"打耳"是一种在中国北方地区很流行的民间游戏，在暮冬和早春时节玩得多。清代潘荣升所著的《帝京岁时纪胜》中所说的"杨柳青，放空钟；杨柳活，抽陀罗；杨柳发，打尜尜"，形象地描述了当时北京地区的儿童以打尜为乐的热闹情景。这里提到的"打尜尜"即"打耳"。"打耳"在各地的称呼不一致，山东鲁西一带叫"打耳"，东北、北京、河北、山西等地一般称"打尜"，而河南开封一带则叫"打苏"。

"打耳"常常是10多岁的男孩热衷的游戏。刘庆洪村成年男性村民都记得幼时与伙伴们"打耳"的情景。"打耳"游戏的用具是两件：一件是一段15厘米长、直径为3～6厘米的圆木棍，将其两端削尖，称作"耳"；另一件是一段约半米长的木棒或木板，称作"打耳棒"。"耳"和"打耳棒"的选材颇有讲究。俗话说："枣木耳，柳木棍，越打越有劲。"枣木坚硬，弹跳力强，而柳木柔韧，不易折断，正符合这项游戏的特点，因此枣木和柳木为上好材料。"耳"和"打耳棒"的尺寸也是需要注意的，如尜棒必须粗细适中：如果粗了，手会把握不住，而且拿起来也很沉重，"打耳"时就会失去准头；若细了，则力度不够，"打耳"时"耳"就飞不远。拥有一副上好的"耳"和"打耳棒"是一件可以让孩子们炫耀的事情。"耳"和"打耳棒"通常都是由孩子们自己动手制作，当然也有父辈帮忙做的。他们选好材料后精削细磨，尽量做得既美观又应手。

孩子们多是选择一处开阔场地来开展这项游戏，农村的打麦场或大路是最佳的选择。游戏的规则是这样的：在平地上画一个直径2米左右的圆圈，为"耳"出入的"疆"或叫"城"。"疆"的中间画一条中分线，将"疆"分成两个半圆。小伙伴儿按对等人数分成两队，参加人数没有严格限制，少时双方各一人，多时各队四五人。双方用剪子、包袱、锤决出先后，谁赢了谁先开始打。将"耳"放在"疆"的中分线上，"打耳人"姿势半蹲，用"打耳棒"对准"耳"尖敲一下，使"耳"弹起，随即"打耳人"迅速起身，用"打耳棒"在空中一挥，将"耳"用力击出去。如果打得准又有力度，"耳"便会飞出很远，在空中划出一

道优美的弧线。第二、第三个伙伴接着再打，像接力比赛一样。如果第一个人失手，将“耳”漏在“疆”里，即所谓“打漏了”，就只好将“打耳权”让给对方。待一方将“耳”打出一二百米甚至几百米远时，另一方就开始逐个用力往回向着“疆”的方向投，最后一位必须将“耳”丢进画好的“疆”里。否则，将继续处于被动的地位，没有“打耳权”。如果“打耳方”将“耳”打得太远使得“拾耳方”再也跑不动了，无力将“耳”掷回原地，“拾耳方”也可主动认输，叫作“喝耳汤”。对输家的惩罚五花八门，至于采取何种形式，要在开战前双方商定好。一般的惩罚措施是输家背着赢家或让赢家“骑大马”围着圆圈转上几圈，有时是输掉“耳”或“打耳棒”，这会让原主人心疼好几天的。

“打耳”需要一定的技巧，关键在敲“耳”。如用劲太小，或敲“耳”的部位不合适，“耳”弹不起来，或弹得过低，不等你挥棒，“耳”已落地，更糟的是落进“疆”里，将主动权拱手让给对方；如用力过大，“耳”弹得过高，也不易击中。最好是敲起的“耳”与你挥棒的高度大致一样，这样既打得准又打得远。孩子们一旦打起“耳”来，往往如醉如痴，忘记回家吃饭是常事。一直玩得汗流浃背，尘土满身，直到天色渐暗，才在父母的叫唤或训斥声中恋恋不舍地各自归家，而心里那种畅玩了一天的痛快劲儿就甭提了。

“打耳”应为古老的击壤游戏之遗俗。击壤据说起源于唐尧时代，距今4000多年了。晋朝皇甫谧《帝王世纪》中记载：“（帝尧之世）天下大和，百姓无事，有八十老人击壤于道。”①“帝尧之世，击壤而歌”成了后世歌颂太平盛世经常引用的典故。击壤所用的“壤”，在宋人陈仁子的《文选补遗》中有详细记载：“壤以木为之，前广后锐，长尺四寸，阔三寸，其形如履。将戏，先列壤于地，遥于三四十步，以手中壤敲之，中者为击。”②这说明击壤在古代是一种有比赛、争高下、力求准确的投掷运动。明代刘侗《帝京景物略》中记载：“小儿以木二寸，制如枣核，置地而棒之，一击令起，随一击令远，以近为负，曰打枱枱。”③从记载上看，明代的打尜游戏即“打耳”，玩法与游戏规则和现代已很接近了。

---

① （晋）皇甫谧撰，陆吉点校：《帝王世纪》卷二《五帝》，齐鲁书社2010年版，第13页。

② （宋）陈仁子编：《文选补遗》卷三五《击壤歌》，上海古籍出版社1993年版，第560页。

③ （明）刘侗、（明）于奕正著，孙小力校注：《帝京景物略》卷二《春场》，上海古籍出版社2001年版，第102页。

"打耳"需要技巧，儿童的肢体动作与眼睛的协调能力可以得到有效训练；"打耳"时所使用的气力以及长距离的奔跑可以增强儿童的体质；同时，这项游戏还能培养孩子们的团队协作精神，锻炼他们的坚强意志。玩这项游戏时，"打耳"一方必须将技术好、打得准的同伴安排在第一棒，以免失误；将有力气的同伴安排在第二棒以求打得远，使拾"耳"一方不易往回投。而拾"耳"方也要精心安排自己的成员，将最有力气、投得最远的同伴安排在第一投上，而将投得最准的同伴安排在最后，以便将"耳"投入"疆"内。为了争取胜利，每个孩子都知道发挥自己的长处，听从队长的安排，而不会自作主张。在比赛过程中，每个人都会尽自己的最大努力，尤其是拾"耳"一方，为维护自尊，避免对方的嘲笑，他们是轻易不喝"耳汤"的。"打耳"也有一定的危险性。有时打起来的"耳"可能碰巧飞到小伙伴的身上，也有因此打破头的，所以有些家长告诫孩子出去不能玩"打耳"的游戏。

2."藏野猫呼"

"藏野猫呼"是刘庆洪村村民对"捉迷藏"的称呼。"藏野猫呼"时，孩子们分成两个阵营。这个游戏并不像"打耳"一样要求双方人数均等。孩子们人数到齐后，实行"黑白配"划分阵营。所有的孩子围成一圈，有人喊号以后同时伸出自己的手，可以手背向上，即所谓"黑"，也可以手心向上，即所谓"白"，是"黑"还是"白"全凭心里的想法。然后孩子开始数"黑"和"白"的个数，所有的"黑"组成一个阵营，所有的"白"组成一个阵营。各方人数的多少全凭运气。有时双方人数悬殊，但孩子们依然认可，没有怨言。确定阵营后，各队选一个代表，实行"剪子、包袱、锤"定输赢。赢的一方藏，输的一方捉。喊完号子以后，藏的一方迅速退去，各自找地方躲藏。有的上树，有的找犄角旮旯，有的甚至钻麦秸垛。有的孩子藏得非常隐蔽，对方总是找不到，藏的一方甚至就在等待中睡着了。

3."摔四角"

"摔四角"也叫"砸四角""来四角"。用两张长方形的纸，每张折两折成长条状，两个长条成十字状叠压在一起，四个顶端每头都按同一个方向折成三角形，依次压住，最后一个角插到里面，就折成了一个"四角"。叠"四角"用的纸有报纸、旧书页等。通常两人一组开战。防守一方将"四角"正面朝上平放在地上，攻方将"四角"举在手中，找准角度向着地上的"四角"砸下去。

如果守方地上的“四角”被砸得翻转过来，则攻方胜，赢得守方的这只“四角”，而守方则拿出另一个“四角”放在地上让攻方继续砸。如果攻方没有把地上的“四角”砸翻，则换守方拿起地上的“四角”砸对方的“四角”。如此轮换进行。在这种攻守中，孩子们摸索出很多经验和技巧，比如往下砸的角度和风向以及使用的力道都很有讲究。最让人担心的是往下砸“四角”时，非但没有将对方的“四角”砸翻，自己的“四角”反而落在一个不好的位置。比如碰巧落在草棍上、小石子上，或落在一个斜坡上，这样就很容易被对方砸翻。还有的“四角”是用多层的纸或者厚实的纸叠成的，比如牛皮纸、烟盒、纸箱等，这种“四角”被称为“老宝”，砸起来有力量，落在地上却稳如泰山，轻易不会被掀翻。当然，这种“老宝”不到最后关头也是不能轻易出场的。一旦这种“老宝”提前使用并被对方掀翻，则意味着彻底失败，输的一方要把当天自己手里的“四角”全部拿出送给对方。

4.“摔啊呜”

“摔啊呜”又是一种为孩子们所喜爱的游戏，需要的材料是胶泥。天气变暖后，孩子们会到村后的沟渠中寻找胶泥。胶泥在沟渠底部的淤泥下面。孩子们需要用铲子等工具将胶泥挖出。湿胶泥呈红褐色，有光泽，泥质细腻有韧性。胶泥有个特点，即开始比较硬实，越揉捏摔打越软。孩子们会找一个石板或光滑结实的地面，先各自把自己的胶泥摔软，然后把胶泥分成两团。一团用来捏“啊呜”，另一团用来补对方的“啊呜”。孩子们用“剪子、包袱、锤”定好先后顺序后，就可以开战了。先摔的一方先用胶泥捏成一个“啊呜”。“啊呜”的形状类似现在的水饺盘，下面是圆圆的底，周围一圈是立起来的沿儿。底部尽量要捏薄一些，沿儿要捏厚一些，这样摔下去才能保证周围的沿儿不裂缝，而底部能摔出大洞。这才是孩子们最想要的结果。一方的“啊呜”摔出洞后，另一方要用自己备用的胶泥来补平洞。摔

水塘边玩耍的孩子

"啊呜"前，摔的一方反复用手打磨自己的"啊呜"，使边沿结实；准备要摔了，就手托"啊呜"，底气十足地喝问对方："啊呜啊呜漏不漏？"对方则大声回应"不漏"。摔的一方一边念念有词"东胡同，西胡同，都来给我打补丁"，一边把手掌猛地翻过来，向着石板用力把"啊呜"摔下来。随着一声脆响或者闷响，"啊呜"底部就摔出一个洞，漏洞越大越成功。对方会斟酌漏洞大小，从自己的胶泥团上揪下一块，用两个手掌压成薄薄的片给对方补上，然后换一方再摔。在游戏的过程中，往往一方的胶泥越来越多，另一方越来越少，甚至最后连"啊呜"都捏不起来了，这就算输了。

5."挤啦啦油"

"挤啦啦油"是孩子们冬天玩的游戏。玩这个游戏要有一面比较宽的墙。开始时，所有的孩子都紧贴在墙上，开始从两侧向中间挤，一边挤一边喊："挤，挤，挤啦啦油，一挤挤出一滴油。"所有孩子都使出浑身解数，既想挤出别人，又要保证自己不被挤出。有的背部紧贴墙壁，双脚使劲蹬地，两手紧紧扒墙；有的一边紧贴墙壁，一边用肩膀向外使劲拱别人，想把别人拱出队伍，使其成为被挤出的那滴"油"。几个回合下来，孩子们周身开始暖和起来，也不觉得冬天那么寒冷了。

6."急急令"

"急急令"是一个两阵对垒的游戏。这个游戏所需人数较多，性别不限。两个阵营各有一个队长。所有想参与这个游戏的孩子全都站在旁边充当士兵，等着队长挑选自己。两个队长通过"剪子、包袱、锤"决断，胜者取得优先选择权。第一个队长选择后再让另外一个队长选择，两个队长轮流挑选自己的士兵。一次只能挑选一人，直至最后把所有人都选完，组成两个阵营。队长挑选士兵时，都会尽量挑选身体强壮有力的孩子，最后剩下的人往往是双方都不想要的弱小者。选兵完毕，双方就拉起阵营。两方拉开有十几米的距离，然后每一方手拉手站成一排，构成一道牢固的屏障。与对方阵营对面相向站定后，一方的队长开始喊口号："急急令，大官道，我的后兵紧你挑。"[①]队长话音一落，所有队员就齐声问对方："挑谁呀？"对方队长会斟酌一下，挑选对方阵营里一个较弱的队员，然后大喊其姓名。被挑中的队员随即

① 也有村民回忆当时喊的是"锦鸡翎，拿关刀，我的后兵紧你挑"。

开始向对方阵营出击。出击时，这个队员会挑选对方阵营里薄弱的环节，然后起跑，等快到达时用力冲刺。而防守一方因为不知道对方要突破哪里，所以都紧紧抓住队友的手，以免被对方冲散。如果阵营被对方的队员冲散，也就是拉手的两个队员被冲开，那么其中一个队员就要跟随出击的队员走到对方的阵营，这个队员就成了出击队员的“战利品”。如果出击队员没有冲开对方的阵营，就要留在对方阵营，成为对方的“俘虏”。第一回合过后，再由另一方阵营挑人。这样几番下来，一方阵营人数渐多，而另一方人数渐少，直至剩下最后一人，就算分出胜负。在两阵对垒时，胜负的情况也经常会有反复，比如一方只剩两人，也可能反败为胜。一局游戏结束后，如果孩子们想继续玩，就由队长重新选兵，重组队伍。

除了上述的游戏外，刘庆洪村传统游戏还有拾子、翻撑、打瓦、打坷垃仗、跳绳、踢毽子等。进入 21 世纪以后，随着电视机、电脑、手机等电子产品的逐渐普及，孩子们户外游戏的时间大量减少，转而迷上了动画片和电子游戏。

第四章 礼俗与茶食

一、旧时的礼俗

(一)抓周

我国很多地方都有在孩子周岁时抓周的习俗,宋代孟元老的《东京梦华录》中记载:“至来岁生日,谓之周晬,罗列盘盏于地,盛果木、饮食、官诰、笔砚、算秤等,经卷、针线应用之物,观其所先拈者,以为征兆,谓之试晬。此小儿之盛礼也。”[①]

20世纪四五十年代以前,这种抓周习俗在各地依然十分盛行。在刘庆洪村,抓周仪式通常是在男孩周岁当天的午饭前进行,女孩子则享受不到这种“待遇”。等来庆贺的客人们都到齐了,主人就在桌子上摆上书本、算盘、茶食之类的东西让孩子去抓。然后根据孩子抓到的东西来预测其未来,比如抓到书本的就说孩子将来读书好、能做官,抓到算盘的就说孩子将来会做生意、能挣钱,抓到茶食的则被认为将来好吃懒做,是个“吃货”。

① (宋)孟元老撰,邓之诚注:《东京梦华录》卷五《育子》,中华书局1982年版,第152页。

（二）结婚礼俗

1949年前，刘庆洪村男女双方在婚姬关系方面极不平等，女方一直处于弱势。茶食馈赠的方向和应用的方式就反映了那个时期的婚姻礼俗。

直到20世纪50年代初，当地婚姻还是奉行“父母之命，媒妁之言”的规则，男女当事人没有自由选择伴侣的权利。媒人通常是自家亲戚或者朋友，对于双方家庭条件比较了解，因此也深得双方家长的信任。

当时结婚的程序是：媒人提亲、换小帖、传大柬、送日子、迎娶。

从提亲一直到结婚，都是媒人从中牵针引线，双方父母都不相见，更不要提双方儿女了。提亲以后，若双方没有异议，男方就开庚帖，即将男子年龄和生辰写在红纸上，由媒人送到女家。女方也依样写一个回帖由媒人送到男家，此为换小帖。换小帖的过程中双方没有礼物来往。

换了小帖以后，双方就不能再随便和别人提亲议婚。换过小帖以后若没有什么意外，就进行下一个程序——传大柬。传大柬实际就是下聘的仪式，也即订婚。传大柬时，男方一般要为女方姑娘准备几件银器，最基本的是簪子和插针。这是因为女子婚后要改变发式，由梳发辫改为梳发髻，需要簪子和插针来固定头发。男方用红色纸写大柬，上面写明媒人和男方父母的名字，表示同意双方结亲，不再反悔。男方还要给女方留下压柬钱，一般是两块到十块大洋不等。这些东西都是由媒人送到女家。女方也写好一个相似的柬书让媒人带回去放在男家。双方的大柬作为与对方结婚的凭证，其作用相当于现在的结婚证书。当时有句俗语表示双方传完大柬后应该遵守的规则：“山不倒不断亲，黄河不干不断亲。”传完大柬后，有关结婚事宜，女方一般都听从男方的安排。

传大柬后的下一个程序是“送日子”。男方想要结婚时，就选一个吉日做结婚日期。在一张红纸帖上写明某年某月某日某时辰是吉时，请媒人给女方送去。选日子由男方做主，女方一般听从男方的安排。

在提亲到迎亲整个过程中，男方除了传大柬时送给女方几件首饰外，并没有其他礼物相赠。虽说交付柬书时会附上几块大洋，但当地老人并不认可这是彩礼，而是认为这只是压柬书的钱。有些老人说，有时女方在收到男方送来的银器后，还要给男方回钱，而且数额往往要比男方打的银器的价值再多一点。女方家长以索要彩礼为耻，否则会被认为是“卖闺女”，将来在亲家和村里人面前都抬不起头来。

那个年代，妇女婚后在夫家地位低下，生活多受限制，且要遵守的礼规众多。如婚后三年不能在婆家洗脚[①]；早晚要向公婆问安，给公婆端夜壶；负责家里的炊事，但是吃饭时不能上桌，要在旁边随时为公婆和丈夫添汤添饭，等全家吃完后自己再吃，而且往往不能与丈夫、公婆吃同样的饭；在婆家做事要勤快利索，做到打不还手、骂不还口。无论是媳妇自己还是她的娘家人，最怕的就是被夫家休掉。女儿被休，娘家人会认为这是一件耻辱的事情，在村里就抬不起头来，而且女人再嫁不但受世人鄙视，在婆家也永无抬头之日。如果男方想休妻，把妻子赶回娘家，女方的父母就把女儿再送回来，甚至亲自带着祖父母、领着闺女来给男方的父母磕头，求男方将自己的女儿留下，并声称女儿“生是夫家的人，死是夫家的鬼”，就算是让婆家人打死，也不能给休掉。那时，妇女在夫家被打死或者自杀的事件时有发生。

在这种背景下，女方不得不处处敬奉男方，所以有“怕的是官家，敬的是亲家”的俗语。为了女儿，娘家人不得不加大财力支出，在礼仪交往上多向男方馈赠物品及珍贵的茶食，并将自己的女婿当作尊贵之人。如果一个家庭里有几个儿子，各个儿媳妇之间也会相互攀比，嫁妆多的儿媳妇会更容易得到婆家的喜爱，媳妇本人也会觉得比其他的妯娌底气足。女方家庭为了提高女儿在夫家的地位，总是尽力为女儿置办嫁妆，因而形成了厚嫁的风俗。

女方父母送给女儿的嫁妆被称为“陪送”[②]。当时的嫁礼一般按件数来计算，根据女方的家庭经济状况可分为不同等级。富裕家庭一般会陪送 6～10 件，有时甚至会多达 16 件。嫁妆主要是新房里的家具，如衣橱、柜子、梳妆台、桌子、椅子、箱子、脸盆架等。新做的被褥、衣物等也会装入衣橱和柜子里一并抬到男方家中。中等家庭一般陪送 4 件，包括衣箱、桌子、椅子和脸盆架。穷人家庭条件稍好些的会陪送一个板箱，条件差的则给姑娘一块包

① 1949 年前，当地的妇女多为小脚。小脚是女人极度隐私的部位，除了丈夫和自己的母亲等至亲之人，是绝对不能示人的，否则会有性格放荡之嫌。当时以新妇在婆家洗脚为不雅，所以要求女方婚后三年内不能在婆家洗脚。

② “陪送”，在当地既可以用作名词，即娘家送给女儿的嫁妆，也可以用作动词，意思是向男方赠送嫁妆。

袱，把衣服包里面就可以出嫁了。当地将挎个包袱出嫁的女子称为“打包袱来的”，这样的女子无论是在村里还是在婆家，都会被人看不起的。村民崔玉庭的嫂子当年嫁到本村时，带来了14件嫁妆，轰动四周。据崔玉庭回忆，当时他嫂子的嫁妆有大立柜、柜头、板箱、抽屉桌、镜架子、梳头盒子、脸盆架（带脸盆）、衣架、八仙桌、条山几、两把太师椅、纺线车子、织布机。为此，崔玉庭的父亲亲自将自家大门口到村头的路打扫得干干净净，以示婚礼的隆重和对新娘家庭的尊重。针对这种隆重嫁女的现象，村里老人说，这相当于“添一个闺女就是烧一把天火；添上三个闺女，天火烧起来就灭不了了”。而如果一个男子接连续弦，就会凭此发家致富。

迎娶分为大娶和小娶两种形式。大娶指的是女婿去亲迎。届时男方雇上鼓乐班子和两顶大红花轿；新郎穿上结婚礼服，身披红绸，坐上其中一顶轿子，吹吹打打来到新娘家。这是很体面的迎娶仪式。实行大娶仪式的人家，除了新郎家为富贵人家外，新娘家也必定是高门大户。据村里的老人讲，当时刘庆洪村大娶的人家不多，村民普遍实行的是小娶。小娶是夫家派人用一顶大红花轿接新娘，新郎不亲迎。花轿到了女家后，女接客要将随花轿带来的4个缠着红线的大插针取下，插在新娘的发髻上。当地称这种插针为“笛笛”。俗话说，“不娶媳妇不是叔，不戴笛笛不是姑”，结婚以后就代表成人了。将大插针别在新娘的发髻上还有另外一层含义，即意味着婆家要将新媳妇管束住、震慑住。戴上插针后，就给新娘盖上蒙头红子，让新娘上轿。上轿前，娘家人给闺女吃一口“留女饭”，寓意是让新娘在婆家过好日子，但要吃半口留半口。如果一口饭全都吞下了，人家会说闺女把娘家的饭吃走了，娘家就会受穷。轿子来到婆家门口后，男方要用椅子将新娘从轿子上抬下来，新娘脚不能沾地。随后，新娘被抬到院子里天爷爷的神位前。一块红毡早就铺好，新婚夫妇就在这里拜天地。拜完天地后，新娘头上的蒙头红子被揭掉，随后新娘入屋。走进房门口时，新娘要抱着用红棉袄包着的盛子①跨过一个鞍子，意为“生子、安子”。进入洞房后，新婚夫妇一起坐在一条板凳上，喝宽心面②。新郎一般喝一口，新娘一般都害羞不喝。这时，旁边有

① “盛子”（音），这是原来当地织布机上用来织布的一个木制工具。

② 宽心面是新婚夫妇喝的一种面条，比较宽，只煮七八分熟。之所以叫“宽心面”，是希望新婚夫妇喝了它以后，能够放宽心，轻松相处。

人会问“生不”，新郎就要带头大声说“生”，即婆家希望媳妇能够尽快生育。喝完宽心面后，新郎就出去待客，新娘就到炕上坐着，既不能动，更不能下炕。为避免上厕所，新娘往往头一天就不吃不喝，酒席也不参加。

新婚这天，男方要大摆酒席宴请亲友。茶食会出现在酒席上，而且常常在酒宴开始之前就要先摆上茶食，以示酒席的隆重和正式。所上的茶食在当地又称“果碟”，一般是每个桌席上 4 个果碟，这个习俗从那时一直到现在从未中断过。

婚后第二天，娘家人要来给新娘送饭，往往以娘家叔父和兄弟为代表，送来4～8个菜，还有馍馍若干。名为给女儿送饭，实际是娘家人来看看女儿在婆家是否适应，婆家对自己的女儿有无不满；既向婆家表明娘家对出嫁女儿的关心，也借此机会请婆家长辈宽容自己女儿不合规矩的地方。娘家人来送饭时，要给闺女偷带 2 封茶食，让闺女偷偷收起来，不要让婆家人看见。有的父母也可能在女儿新婚当天就已经将 2 封茶食放在嫁妆柜子里。这 2 封茶食实际上是娘家人通过女儿对女婿的馈赠，其目的是向女婿表示情意，促使女婿与女儿初步建立感情。这一举动也从侧面表明了娘家人对于女儿未来处境的担忧。在男尊女卑的社会里，女儿既要绝对服从未来的公婆及丈夫，还要小心伺候小姑子和小叔子。在这个陌生的环境里，女婿是女儿最亲近且是唯一能依靠的人，所以女儿与女婿的关系和谐与否是至关重要的，也是女方娘家人最牵挂的。

婚后第三天新妇回门，新婿并不同去，由娘家兄弟早上来接，婆家也不需要为新媳妇准备回娘家的礼品。回到娘家后，娘家人找一个全换人[①]来给女儿开脸[②]。之后，女儿要吃母亲煮的水饺，并在中午以前赶回婆家，即“新人不过晌”。下午，男方家族里的一位女性长辈要带着新妇去祖坟拜见祖宗。届时，新娘带一块红色包袱，女性长辈指着坟头依次介绍男方列祖列宗，新妇则铺下红色包袱依次磕头。

女儿新婚回门以后，娘家人会在第六天或第九天再来接闺女，但是因

① “全换人”在当地又被称为“十全的人”，指其父母、公婆健在，夫妻和睦，儿女双全，本人干净利落。

② 旧时姑娘出嫁时，由一女性长者手持一根红线，将新娘脸上及鬓角的毛发剪掉，称“开脸”。

“十二天不空房，空房死她婆婆娘”的俗语，到第十二天时新娘要再回婆家。回娘家时，媳妇只携带自己的换洗衣物，婆家不用准备礼物；而当娘家将闺女送回来时，要给婆家带一些礼物，一般是带四色礼，分别是茶食、肉、鱼和粉皮。婆家村里如有娘家的熟人或亲戚等，娘家人来时也给这些人家带上礼物，一般为两斤茶食。此举是希望他们以后能关照自己的女儿，但是亲戚朋友往往并不留娘家人的礼品。

第十二天以后，新媳妇再回娘家就没有什么讲究了，但是在婚后满月以前，娘家人必须再将闺女送回婆家，这叫“在婆家过对月”。村里老人说，这就和圆月一样，结婚后满月这天不能空房。娘家人送闺女回婆家过对月时，要带礼品给婆家。为此，娘家要提前蒸好馍馍，为女儿的婆家准备礼物。届时，娘家人将馍馍、挂面、长果（即花生）、两封茶食装在捧盒里给婆家送去。这一切都是为了巴结婆家，害怕自己的闺女在婆家受气。

结婚后，男方要给女方娘家连送三年年礼，时间是在每年春节前夕。一般是女婿亲自去送，礼物通常是两斤肉。如果男方家庭富裕且爱面子，也会送上两斤茶食，装在果盒子里一起送来。这是婚后男方唯一一次向女方娘家赠送礼物的机会，但是女方娘家却不敢留，有的只留一点略作表示，留多了怕闺女在婆家受气。三年以后，一般没有什么特殊的事情女婿就不到岳父家去了，更谈不上去给岳父母送礼了。

正月初二，新婚夫妇要回女方娘家拜年，给娘家带的礼品是一篮子馍馍；有钱人家才会在篮子的两头各放一斤茶食，称为“压篮子角”。但是女儿、女婿带去的礼品，娘家一概不留。秦岭母亲说，那时新媳妇走娘家，娘家不敢留闺女带的礼物。若真的留下了，回到婆家就会生是非。有的婆婆白天蒸了白面馒头，到晚上会重新在盖垫上排一下，数一数，看看馒头是否少了，儿媳妇有没有偷吃。娘家人非但不能留闺女送来的礼物，还要提前给女儿打大糕，以备在正月初二时让女儿带回婆家。这种糕是由面粉和大红枣蒸成，娘家要给女儿连打三年，而且一年要比一年大，寓意是“连年升高”。娘家打的糕由女儿、女婿带回婆家后，放在供桌上，来的亲戚朋友都能看见。有糕且大的人家，婆家和娘家脸上都有光彩，媳妇也觉得脸上有光。

女婿在当地传统的叫法是“贵客”，某家的女婿常被称为“某家的贵客”。按照规矩，女婿到岳父家要得到隆重的接待。岳父会请来本家族的男性长辈来给“贵客”当陪客，而且“贵客”要被让到最上座，即使女方娘家辈分最大的人也只能坐在下首作陪。岳父家要设酒席来招待女婿，即使家境较差的人家也要给女婿摆一个“梅花席”，即在桌上摆4个盘子、5个碗，呈梅花形，也叫“五碗四盘的梅花席”。各家家境状况不同，招待女婿的菜肴有多少和厚薄之分，但是上酒菜之前先摆茶肴的规矩是一样的。茶肴即为4个小果碟，各个小碟里都摆上各式茶食。当地认为，只要在酒菜上桌前摆了茶食，就显示出本次酒席的隆重和正式，也就体现出对“贵客”的庄重态度。娘家在整个过程中要给予女婿最高级别的贵宾待遇，害怕哪里做得不周到，引起“贵客”的不满。

村民崔玉代谈道，当时村里都是富裕家庭的男孩订婚早，穷苦人家的男孩订婚晚。刘庆洪村东西两头的婚姻情况形成了鲜明的对比。东头的崔家都比较富裕，所以都流行男孩早早订婚。崔家的男孩子一般十一二岁就订婚了。崔玉代记得他结婚时年仅15岁，他的妻子是19岁，即所谓的“小女婿、大媳妇”。而西头刘家的日子比较穷困，一般都是“大女婿、小媳妇”。因为新郎年龄小，有的还闹出不少笑话。村民崔德祯当年结婚时12岁，妻子17岁。婚后第一年去岳父家拜年，他与9岁的小舅子一起玩打尜游戏。因为争执不下，就与小舅子扭打起来。吃饭时，崔德祯的岳父母将其让到上座，先给他上了茶食，然后再上菜。也许是当时的盘子都比较小，崔德祯没等岳父就座就开始吃饭，而且还藏起一个盘子。不明就里的岳母发现少了一盘菜，就只好又加了一个菜。

除此之外，女方娘家还有一项长期的开支，即女儿、女婿的穿衣问题。婚后，婆家不供儿媳穿衣，而且也不再管儿子的穿衣问题，这些都要由女方娘家来负担。有的婆家在媳妇进门后会送2斤棉花，新媳妇自己纺棉线织布，张罗着丈夫和自己的穿衣铺盖等事宜。有的媳妇心灵手巧，织好布去卖，得到的钱再买棉花，再织布，这样不但能供给丈夫和自己穿衣，还能落下一点体己钱。如果供给不上，就只好到娘家去要。如果娘家照顾不好，媳妇就会在婆家受气。除此之外，如果女婿还在求学，岳父母甚至还要负担女婿的一部分零花钱。民国《茌平县志》也详细记载了当地的“衣求于妇之恶习”，并表达了痛革此习的愿望。但是这种习俗一直延续到20世纪50年代初。

(三)丧葬礼俗

刘庆洪村的丧俗要求遵循一套传统程序。

1. 设灵棚

在人死后第二天,死者家属要为其设灵棚,同一天死者入棺,当地叫"入殓"。灵棚里摆上供桌,设祭坛。祭品是馒头和四碗肴。所谓"肴",就是每个碗里装上生菜,再分别在碗的上层盖上煎鸡蛋、豆腐皮、粉皮和一两片肉。如果是富家大户,就在供桌上放上4个装有茶食的小果碟。

灵棚

2. 泼汤

泼汤是死者家属到土地庙给"羁押"在那里的亲人魂魄送盘缠。守灵期间,所有守灵人员每天中午要去村子东头土地庙参加泼汤活动。孝子走在最前,一手提汤罐,一手持长把勺子。其他男性亲属跟在孝子后面。所有女性亲属跟在男性亲属后面,中间相隔大约三四米的距离。

泼汤队伍

村东头新建的土地庙

土地庙里供奉的土地爷爷、土地奶奶和财神

3.出丧

天一大亮，先放三声土炮，孝子孝女们哭上两声，此谓“开丧”。出丧这天，亲友们都来吊丧。吊丧时都携带一刀黄表纸，一些亲友要带祭品。当时的祭品分为三个等级，分别是“馍馍祭”“果子祭”和“花祭”。死者娘家人献“馍馍祭”，祭品为6个馍馍；孝子的朋友敬献“果子祭”，祭品是6斤茶食。据当地村民说，娘家人送馍馍，旨在关心死者最基本的吃饭问题，说明娘家人是最亲近的人，是死者最后的依靠。孝子的朋友敬献的茶食是所有祭品中最贵重的，说明其重情义，视孝子的父母为自己的父母。女儿、侄女、孙女、外甥女敬献的祭品一律称“花祭”，祭品是4个、6个或8个菜肴，用食盒捧来。女儿敬献的可能是炸肉、炸鱼或豆腐之类的非常丰盛的菜肴，侄女等人敬献的多是用白菜、菠菜之类垫底，上面附上一层豆腐皮、粉皮等凑成的菜肴，有的直接用馍馍来充当祭品。

二、礼俗的变革(20世纪50～80年代)

在平县于1947年1月彻底解放，并于同年9月比较彻底地完成了土地改革工作。20世纪50～80年代，社会生产力逐渐得到解放，农民的生活水平也慢慢提高。与此同时，乡村礼俗也发生了较大的变革。

(一)结婚礼俗的变化

在当时的历史背景中，婚姻习俗是礼俗变革中最突出的一部分。

1950年，中华人民共和国颁布了第一部《婚姻法》。这部《婚姻法》对旧的社会制度产生了重大的冲击，引发了一场观念和制度的变革。这部《婚姻法》的核心就是“废除包办强迫、男尊女卑、漠视子女利益的封建主义婚姻制度。实行男女婚姻自由、一夫一妻、男女权利平等、保护妇女和子女合法利益的新民主主义婚姻制度”。另外，《婚姻法》还规定：“夫妻为共同的生活伴侣，在家庭中地位平等。”“夫妻双方均有选择职业、参加工作和参加社会活动的自由。”“男女双方自愿离婚的，准予离婚。”

1953年，各地先后成立了贯彻《婚姻法》运动委员会，通过标语、年画、宣传画以及戏曲表演等形式向群众宣传《婚姻法》。评剧《刘巧儿》和吕剧《李二嫂改嫁》表达了新社会女性在爱情和婚姻上的诉求，深深地震撼了当时的广大群众，尤其是农村的妇女们。由此，刘庆洪村在这一时期出现一个离婚的高峰期。据茌平县婚姻登记情况统计，1953年刘庆洪村办理离婚登记的有18对，1954年有19对，1955年有18对，1956年有13对，到1957年猛增到48对。这些数字说明，民众已经改变了传统的“宁可被夫家打死，也不能被休掉”的观念，反映了男女双方(特别是女方)在婚姻问题上自主意识的觉醒。另外，过去村民们为了避嫌，一般不会结“当庄婚”，20世纪60年代以后，出现了几对自由恋爱形成的“当庄婚”。

这一时期，《婚姻法》中规定的男女平等虽然尚未完全实现，但妇女也争取到了一定的权利。她们开始学习文化知识，从最初的夜校扫盲班，到后来女童也可以按龄上学。20世纪50年代后期，很多妇女不甘心局限于家庭内部，她们开始走向社会，参与社会劳动，分享原来独属于男子的权利。有些优秀的农村妇女甚至开始承担起一些社会职务，出现了妇女主任、女会计、女民办教师、女乡村医生、女民兵等。因为《婚姻法》的颁布和行政机构的保护，女性在家庭事务中有了坚强的后盾。在新式观念的冲击下，姑娘们纷纷剪掉大辫子，已婚妇女则去掉发髻，剪成短发，以一副精干的面貌和与旧传统决裂的姿态出现在世人面前。

据1957年结婚的村民贾金英回忆，那时很多人结婚都到民政部门去登记。领取结婚证书时，民政部门工作人员要询问双方当事人是否自愿，特别要问女方是否同意这门亲事，对女方的意见很重视。只有当女方亲口说同意结婚时，工作人员才向男女双方发放结婚证书。妇女婚后在家庭生活中的地位也有所提高。贾金英说，以前娘家如果比婆家贫穷，媳妇就会在婆家受歧视；如果一个家庭里闺女多了，就会把整个家拖垮。但在贾金英结婚时，这种情况已经有所改善。而且那时农村离婚人数有所增加，一般是女方主动要求离婚。

20世纪60年代中期以后，逐渐形成了新的结婚礼俗，需经过提亲、“小见面”、“大见面”和迎娶四个重要的程序。“小见面”和“大见面”是由民国时期的“换小帖”和“传大柬”转换而来。

先说“小见面”。这时的“小见面”主要是女方对男方的考察。一般是在当地某个逢集日，媒人将男孩约到某个地方，然后再领着女孩及女孩亲属偷看男方外貌和身材，也有男女双方相互偷看的。当时刘家院里的刘秀珍在与男方“小见面”时，媒人就把男方从中学里约出来，让男方在一个墙边等一会儿。男方当时还是一个中学生，他出来等了一会儿发现没人来找他，就回学校了。其实在男方出来等待的时候，刘秀珍和媒人以及刘秀珍的婶母就在集市的人群里仔细地打量他了。在农村实行集体生产劳动时，人们开始更多地关注对方本人情况，而对其家境并不是很在意。所以女方主要考察男方的外貌和举止，这时女方往往会请一个眼力好、看人有经验的妇女陪同。20世纪70年代中期以后，男女双方相亲见面成为理所当然的事情，“小见面”也成为正大光明的一个环节，这时就需要男方到女方家里。通过交谈和一起用餐，女方及家人可以近距离考察男方自身的条件，如相貌、身高、品行等。如果“小见面”双方中意，就准备进行“大见面”；否则，也就不再往下进行了。婚姻开始尊重当事人的意见。

“大见面”实际上就是订婚仪式，因此比较正式。“大见面”的地点还是在女方家里，男方当事人要携带礼金和礼品亲自到女方家，并由媒人和大队干部陪同。特别需要指出的是，从20世纪60年代开始，村里无论是订婚还是结婚，都要请村里的大队干部出面做主持人，这种情况一直延续到20世纪末。1970年结婚的村民李春兰说，那时人们都很重视大队干部，有什么事就找大队干部。由大队干部出席“大见面”这种仪式，代表其比较关心、看重男方，也从侧面肯定了男方的人品等。这一时期，男方开始流行送见面的礼金了；除此之外，还要送给女方衣料、烟、酒、茶和饼干、糖果之类，但茶食不在此列。在人们的观念里，茶食是封建社会就有的，是旧的东西。当时人们讲究新思想、新形式，多使用时代感比较强的饼干来代替。除了送礼金和礼品外，男方还要自带酒肴到女方家里置办酒席，酒席上都用男方带来的食材，女方只负责加工蒸炒。女方也可以收男方的礼物，而不用给男方回钱了。

虽然那时村民们家境条件还普遍比较差，但订婚后男方向女方送节礼的习俗已经开始了，不过大多数只在春节前夕向女方家送一次。待要结婚时，男方会选好日子，备好礼物，一般是 2 盒饼干、2 瓶酒、2 斤花生、2 斤糖果，请介绍人携带礼品到女方家征求其父母的意见。如果女方父母同意在这个日期结婚，男方父母就会带上 4 条饼干以及烟、酒、花生、糖果等礼物到女方家与其父母商量结婚事宜；如果女方父母不同意，男方就要继续送节礼，有的要送五六年才能结婚。至于嫁妆，这一时期无论婆家还是娘家都不是那么看重了。婆家一般不再以嫁妆的多寡来决定对待媳妇的态度，娘家也不用再累心于为自己的女儿置办嫁妆了，厚嫁的风俗日减。李春兰还记得，娘家村落大队书记在女儿结婚时就没有送女儿生活用具之类的嫁妆，而是送给女儿一些镰刀、锄头等劳动工具，意在告诫女儿出嫁后要辛勤劳动。

这个时期，在婚礼环节上也有了一些重大变化。中华人民共和国成立以前，很多村民没钱用轿子，曾用牛车来迎接新娘。50 年代初，村民曾专门制作了用来迎亲的花轿，但是最后一顶花轿在 1966 年的“破四旧”运动中被砸毁，此后村民迎亲就开始使用自行车了。男方会派两男两女骑着自行车去迎娶新娘。两个迎亲的女人中，有一个是未出嫁的姑娘，另一个是已婚媳妇，还是个“全换人”。新郎依然不亲迎。结婚仪式非常简单，以前所谓的新娘脚不沾地、红毡铺地、跨鞍子、抱盛子等习俗都消失了。此外，女方的娘家不再偷偷地通过女儿向女婿赠送茶食。在结婚典礼上，增加了男女双方互赠礼物的环节，一般是新郎向新娘赠送一块手绢，新娘向新郎赠送一支钢笔。近几年来，结婚典礼上新郎也为新娘戴金戒指。

婚后依然有新娘回门的习俗。婚后三天，娘家来人接新娘，新郎仍然不同去。这时出现了一个重要变化，即婆家要给新娘准备一个提包，里面装上

馍馍、饼干，作为礼物送给新娘的父母。那时还是“新妇回门不过晌”，中午以前新娘要回到婆家，下午由本家的女性长辈领到祖坟上“认坟头”。从祖坟上回来，再去拜望本族的婶子、大娘、奶奶。这实际是男方家族接纳新妇的一个仪式。

婚后女婿依然要连续送三年节礼，通常是送 2 斤猪肉，也有的送白面或食用油。新婚夫妇年后回娘家拜年时，“贵客”们不像过去那样可以心安理得地坐在上座了。新郎给岳父母拜年也不再局限于婚后的前三年，而是每年春节后都会陪着妻子回娘家。本村村民石云英与刘玉海是在 1967 年结婚，他们的结婚形式在当时村落里算是比较前卫的。石云英 1947 年出生，娘家在距刘庆洪村 2.5 公里远的石海子村。结婚的介绍人是石云英娘家的邻居朱大娘。朱大娘的娘家即刘庆洪村的刘氏家族。朱大娘给石云英介绍的是自己娘家本族的侄子刘玉海。刘玉海当时还在部队上当汽车兵，会维修汽车。石云英娘家父亲是石海子村多年的小队保管，哥哥和弟弟都是党员，家庭条件比较好。而刘玉海家里很穷，且因家里成分不好，在部队一直没能入党。但是刘玉海身材高挑，长相俊朗，又在部队服役，石云英为此也动了心。

1965 年，经朱大娘介绍，两人在石云英家见了面。那天天色阴沉，刘玉海回来后跟介绍人说天色太暗，没有看清楚对方。于是，第二天，他们二人去赶了广平集。在集上，两人照了一张合影，在饭馆一起吃了一顿饭。石云英说，这在当时青年中算是比较前卫的。当时刘玉海问石云英要不要钱，石云英说不要；又问她要不要衣服，石云英依然说不要。这样见了两次面后，刘玉海就回到了部队。当时，他所在的部队驻扎在莱阳。1967 年，刘玉海请假回家与石云英结婚。男方共派出两男两女、四辆自行车去接新娘。两男是刘玉兴、刘忠山，刘玉兴是小队队长，刘忠山是小队会计。两女其中之一是刘金环，她是未婚姑娘，也是石海子村朱大娘的娘家侄孙女；另一个人是刘忠会之妻，她是一个“全换人”。女方送新娘也是派出了两男两女、四辆自行车。两男是新娘的叔父和大哥，两女是一个家族中的姑姑和妹妹。新娘是坐着自己大哥的自行车来到婆家。八辆自行车上都扎着红绳，一路上好不威风。他们来到婆家，在胡同里还没进家门时，就有人往下拽她。她从自行车落到地上，自己走进了婆家院子。他们先在院中拜天地，然后就进新

房，众人开始闹洞房。石云英说，当时结婚只拜天地，不拜父母，到了后来才时兴拜父母。婚后第三天回门，是石云英的哥哥来接的。那天刚吃完早饭，她哥哥就骑着自行车到了。婆婆给她装了个提包，里面装上喜馍馍、饼干。她自己带着一个红包袱，里面装着换洗的衣服。在娘家，石云英母亲很早就包好了水饺等着了。在娘家吃过饭后，石云英就回婆家了，下午再去上坟。

这一时期另一对结婚的青年是刘玉斌和李春兰。李春兰记得很清楚，她结婚的时间是1970年农历三月十九，当时她19岁，丈夫刘玉斌20岁。李春兰回忆称，自己当时的结婚仪式比较简单，基本上一句“两个人见上一回面，觉着行，到集上扯上件衣裳，定个日子，用洋车子（自行车）驮着就给娶回来了”就可以概括全了。他们的结婚程序如下：

首先是提亲。他们的介绍人名字叫袁怀忠，当时在刘庆洪村教书，与刘玉斌的父亲关系很好，而袁怀忠恰好又是李春兰的表叔。袁怀忠觉得他们两个人年龄相仿，就做了他们的介绍人。

其次是见面。他们的见面地点是李春兰嫂子的娘家。李春兰嫂子的娘家与媒人袁怀忠同在袁楼村。见面时，男方村里干部贾立诚、刘玉贤领着刘玉斌前去袁楼。贾立诚是当时刘庆洪村大队书记，代表大队；刘玉贤是刘玉斌的堂兄，代表本族。刘玉斌带的见面礼有：2身衣裳、40元礼金、3桌席的菜肴（每桌席8个菜肴），另外还有馍馍、鸡蛋、茉莉花茶叶1包、花糖2斤。

再次是送节礼。见这一次面，他们就算订婚了，男方逢年过节就要给女方送礼。李春兰与刘玉斌是在1969年冬天订婚，第二年春天就结婚了，因此刘玉斌婚前只给李春兰娘家送过一次节礼。礼品是4斤猪肉①、3斤油②、4斤酒③。

最后是迎娶。男方派两男两女骑自行车去接新娘，然后一起来到新郎家门前，燃放一挂小鞭炮。结婚典礼上双方交换了礼物。刘玉斌送给李春兰的是一块手绢，李春兰送给刘玉斌一本“红宝书”。李春兰那时的嫁妆是

---

① 那时猪肉与果子的价钱一样，为每斤0.72元。但是果子很难买到，而且还需要粮票，猪肉不需要粮票，较容易买到。

② 当时的食用油也是非常贵重的东西。那时刘庆洪村里有油坊，刘玉斌的父亲爱面子，就决定给女方家送去3斤油。

③ 当时村民买不到瓶装的酒，都是散装的酒，自己用瓶子或者塑料桶去打。

一个板箱，里面装着一铺一盖[①]、洗脸盆、镜子、木梳、雪花膏、2 块肥皂、2 块毛巾、2 个新式枕头。当时的婚宴叫“三八小席”，即 8 个碟子、8 个盘、8 个碗，其中 8 个碟子包括 4 个果碟[②]和 4 个小菜碟。席面都非常薄，因此称“小席”。

婚后第三天本该回门，但李春兰的娘家较远。她担心当天中午赶不回来，就没回去。第六天娘家来人接，李春兰一直住到第十二天才回来。回娘家时，婆婆给她准备了带给娘家的礼品包，里面装有喜馍和饼干。

婚后头三年，刘玉斌依然给岳父家送节礼。春节和中秋节前夕夫妻两个一块去，送 2 斤猪肉，没有点心。三年后，李春兰一般都是在农历八月十六回娘家，刘玉斌就不去了，只在年后去给岳父母拜年。拜年的礼物是一篮子馍馍。

20 世纪 70 年代后期，当地结婚的程序逐渐固定为提亲、“小见面”、“大见面”和迎娶“四部曲”，并一直延续至今。具体可参见如下案例：

贾元臣，1959 年出生。妻子娘家在韩集乡刘望海村。他们于 1975 年订婚，1979 年结婚。结婚程序如下：

第一，媒人提亲。媒人是本村村民刘忠明的母亲，娘家也在刘望海村。

第二，“小见面”。贾元臣去女方家，带了一盒烟。

第三，“大见面”。礼品中有 3 桌席的席面[③]。一般来说，准备几桌席面要看女方的要求。女方会根据出席婚礼的亲戚人数的多少来决定席面数量，然后通过媒人传话给男方。男方通常要多备出 1 桌席面。另外还有 10 斤酒、1 条烟、2 斤花糖、2 包茉莉花茶、10 斤肉、2 只红毛的活公鸡、4 条饼干[④]、4 身衣料[⑤]、100 块钱见面礼[⑥]。当时流行把所有的礼品都装入纸箱子里。提起见面礼来就论箱子数，箱子多，表示送的礼多。

---

① “铺”，指的是铺在床上的褥子；“盖”，指的是盖在身上的被子。“一铺一盖”指的就是一床褥子和一床被子。

② “4 个果碟”指的是 4 小碟茶食。当时茶食很难买到，因此采办结婚使用的茶食被当成村里的大事。男方往往会托关系到县城里购买；如果实在买不到茶食，就用饼干来代替。

③ “席面”，当地指席桌上的菜肴。

④ 这里的饼干实际上是充当茶食。饼干在当时是新式食品，比茶食容易买到，多用在重要场合。

⑤ 如果男方打算送女方 4 身衣裳，女方姑娘就自己做主买 3 身；剩下的 1 身衣料再由男方母亲或者姊妹、婶娘、大娘去买，最后凑齐 4 身。当时除了买衣料外，还给姑娘买围脖、袜子。

⑥ 家庭条件好的男方通常在订婚时向女方送“三百”：100 个馍馍，100 个鸡蛋，100 块钱。

第四，送节礼。贾元臣从订婚到结婚中间共有三个整年头，就给岳父家连送了三年礼，每年中秋节送一次，春节送一次。礼品是6斤肉、4斤点心、2身衣料。

第五，送日子。男女双方想要结婚时，男方就选好日子，准备2斤果子、2瓶酒、2斤花生、2斤花糖，请媒人带着礼品到女家"送日子"。如果女方父母同意在这个日子结婚，男方父母就带上4斤果子，还有酒、烟、糖果到女家商量结婚事宜。如果女家父母不同意结婚，男方就继续送礼，有的要送五六年。

第六，结婚。婚礼当天，接新娘的自行车的车把上要系上红布条(或红绸条)。新娘家给来接新娘的人一人煮一碗挂面。在回来的路上，遇到路口就洒用红纸剪的纸钱。到了新郎家，新郎和新娘在院子里举行结婚典礼。结婚典礼实行三鞠躬：一拜天地，向着天爷爷的神位鞠躬；二拜高堂，向着公婆鞠躬；三是夫妻对拜，新婚夫妇相互鞠躬，交换礼物。随后新人进入洞房。婚宴的每个席上有十几个菜，先上果碟。

婚后三天回门。新娘依然遵循"回门不过晌"的规矩，中午以前赶回婆家。新娘的父母也跟随前来，并带上2斤点心、2只藕、4张粉皮、2斤肉，称"四色礼"，装在一个纸箱子里。媒人也被请到新郎家。新娘父母此行的目的一是会亲家，二是向媒人表示感谢，叫"谢妆奁"。新娘父母带来的"四色礼"，新郎父母不会留下，会让新娘父母再原封不动地带回去。下午，新娘由本族的一个女性长辈带领着到祖坟上去祭祖，然后再去拜本家族长辈。

从上面几个婚礼程序可以看出，妇女在婚姻生活中的地位有了明显的提高。这时期儿子多的家庭会愁坏父母，村里出现了不少无钱娶妻的光棍；而女儿多的家庭却不再担心嫁女的负担，反而会不断收到女儿婆家送来的礼物，日子过得比较优裕。

(二)丧葬礼俗的变化

丧葬礼俗在这一时期也发生了一些变化，这主要表现在祭品上。

20世纪50年代，祭品的内容和等级划分依然延续了民国时期的习惯，最贵重的祭品是"果子祭"，献祭人是死者之子的朋友；女儿、女婿所献的祭品依然被称为"花祭"。60年代中期以后到80年代以前，虽然祭品依然被分

为“馍馍祭”“果子祭”和“花祭”，但女儿、女婿敬献的祭品已经与孝子朋友的一样了，也为“果子祭”。孙女婿、侄女婿和外甥女婿依然敬献“花祭”。虽名为“花祭”，祭品实际已经变成饼干了。

三、新礼俗（20 世纪 80 年代以后）

20 世纪 80 年代，中国的经济形势发生了很大变化，刘庆洪村及周围的村落开始形成一套新的礼俗。

（一）婚嫁礼俗

20 世纪 80 年代，当地结婚的程序明显地体现出女方地位的提高。村民崔玉柱于 1981 年结婚。他当时结婚的具体过程如下：

第一，提亲。当地没有专门的媒婆、媒汉。媒人都是与男女双方比较相熟的人，了解双方的情况，觉得双方条件相当才提亲。崔玉柱的媒人是他的亲戚。经过媒人提亲后，双方觉得比较合适，就商定“小见面”的时间。

第二，“小见面”。双方是在女方家见面的。崔玉柱当时给女方家带了 8 个菜，女方家里又配上 2 个，共 10 个，叫“十全十美”。另外，崔玉柱还带了 2 斤茶食。据崔玉柱的母亲贾金英说，这是个“敬头儿”①，后来女方家回了男方一半。

第三，“大见面”。“大见面”要设酒席。女方说设几桌酒席，男方就带几桌菜。每桌要有 10 个菜，包括鸡、鱼、肉、四凉②、藕、猪心等。猪心只带一个，而且不能吃掉，男方离开时还要原封不动地带走，意思是“要有心”，而且要“一心一意”。另外，男方还要带烟、酒、茶叶、花糖、茶食、香油。礼品中还包括给女方买的布料。崔玉柱带的礼金是 600 元，女方只留下 200 元。这是当地的规矩，即见面礼钱女方不能全部留下，要回给男方一部分。20 世纪 80 年代不时兴给女方买首饰，但时兴买手表。崔玉柱当时送给未婚妻一块女

---

① “敬头儿”，指向对方表示尊敬的东西。如果对方通晓情理，是不会将这种东西全部留下的。

② “四凉”，当地对“四个凉菜”的简称。这四个凉菜指的是煮熟的猪脸、猪舌、猪耳、猪肝。当地村民认为这是比较贵重的菜肴。

式手表。

“大见面”实质就是订婚仪式，男方在言行举止方面都要做到得体，礼物的种类和数量都要符合村民约定俗成的规定，绝不能让女方挑了理。否则，亲事就有可能作罢。礼物中，关于菜肴的种类可以有一些变化，但是茶食却是必不可少的，而且6封的数量也是固定的。

第四，送节礼。这一时期，当地已经时兴订婚以后男方向女方送节礼。一年送2次，分别在中秋节和春节前夕。当时崔玉柱给岳父家送的节礼有：(1)“一刀礼”的4斤猪肉。猪肉是用一刀完整割下来的。由于斤数较少，肉的中间不再割口，因此称“一刀礼”。(2)酒和4个菜，意思是不能光吃女方的东西。(3) 1身衣料。若不送衣料，就送女方100块钱。(4)中秋节时再送一些苹果。崔玉柱当时送的节礼中还没有果子。当笔者问到其中的原因时，崔玉柱的母亲说：“那时条件刚好点，1981年才分田到户，家里哪里有什么东西呀！订婚时送了果子也算讲过去了①。”

在民政部门登记后，男方就开始考虑结婚日期了。当时男方要给女方买好衣服才能提结婚的事。有的女孩子这时会向男方多要几件衣裳②，以免结婚后男方不给买了。结婚的日子一般是由男方来定，但是需要男方带着茶食到女方家里征求意见；女方若不同意，男方还是要更改日期。有时男方要给女方买好几次衣服才能和女方定下婚期。

第五，定日子。准备定日子时，崔玉柱给未婚妻扯了300元的衣裳。扯衣裳时，一般是男孩与女孩一起去赶集，由女孩自己看着买。有时，女孩也会找来自己的嫂子或婶子做参谋。定日子时，媒人领着男孩去女方家。崔玉柱当时带了2斤茶食，还有菜肴、酒和烟。除了定日子外，男方还要问问女方有什么别的要求，或者需要男方去买什么东西。

第六，婚礼。婚礼仪式和之前比较类似。男方家派人骑自行车去接新娘，新郎不亲迎。没有红毡铺地，但有司仪。婚宴席上的第一道菜是茶肴，即果子。新娘第二天就回门，婆家会给新娘一个提包，里面装有茶食和花糖。

第七，婚后。婚后头三年的中秋节和春节前夕，新郎要给岳父家送节

---

① “讲过去了”，当地方言，意思是说得过去，不失礼。

② 20世纪80年代，男女订婚后，男方要给女方买衣服(当地称“衣裳”)，实际是买布料。女方收到布料后自己再去加工。因此，有时将买衣裳说成“扯衣裳”，实际是指扯布料。

礼，礼物是肉和茶食，最多是6斤肉、4斤茶食、2斤酒。现在生活条件好了，女婿送礼也不限于头三年。崔玉柱携带的礼品通常是2斤酒、4斤茶食，还有花糖、花生。

崔玉柱的家庭条件在20世纪80年代初的刘庆洪村属于中上水平，但是他在结婚时并未处处使用茶食，只是将其用在最紧要的仪式场合，说明这一时期的茶食在婚嫁礼俗中尚未普及。而到80年代后期，茶食用于结婚礼俗中的现象就非常普遍了，男方向女方家赠送茶食成了不可缺少的礼节，而且赠送的数量也逐渐固定下来，即6斤经过传统旧式包装的茶食。村民们选择“6”这个数字来表达自己的希望——希望成亲的过程顺顺利利。

一个1990年结婚的村民向女方家赠送的礼物具体如下：

“小见面”：地点在媒人家。男方带的礼物是1包瓜子和1包花糖。

“大见面”：地点在女方家。男方带的礼物是：3桌席面（每桌席面10个菜肴）、1个猪心、1包茶叶、1箱白酒、100个馍馍、100个鸡蛋、半斤香油、1条烟、6斤果子、6身衣料、1000元钱。

送节礼：一共送了3次节礼，分别是五月节礼、八月节礼和年礼。五月节礼即端午节送的礼，礼物是6斤果子和6斤肉。八月节礼即中秋节的节礼，礼物是6斤果子、6斤肉、苹果、酒、烟、花糖和2身衣裳。年礼与中秋节一样，只是没有苹果。结婚后，男方头三年依然送礼，但是不如结婚前送的礼物多了，一般是4斤猪肉和4斤果子，而且只在中秋节和春节送礼。

进入21世纪以后，结婚礼俗又有了新的发展动向。一些年轻人在婚前只举行一次见面仪式，即当地乡民所说的“大见面”，实际上就是订婚仪式。这主要是因为这一时期女孩和男孩享有同样的受教育的机会。村里的少年至少会上完初中，也有不少人考上高中，或去一些技术学校学习，少数优秀的人会考上大学。在知识的熏陶下，年轻人的视野更开阔，也更有自主意识。男女双方多为自由恋爱，所以在时机成熟后就可以直接举行订婚仪式了。

另外一种比较常规的途径还是由亲友介绍，但是这种介绍只是引见男女双方认识，并没有正式的见面程序。介绍人介绍双方认识后就离开了，亲事的成功与否全靠男女当事人自己来决定，媒人和父母都不再参与。如果双方对彼此都比较满意，相处融洽，就开始商定“大见面”的仪式。这时的

“大见面”仪式也不需要村干部的参与了，而是由男方父母及其他近亲长辈陪同男孩前往女方家，还有一些人家直接在饭店里摆酒席。

同时，在迎娶仪式上也发生了一些变化。21 世纪以来，迎娶开始使用汽车，新郎也开始亲自去迎接新娘。现在的新娘也不再穿传统的红色嫁衣，而是穿白色婚纱。婚后回门时，新郎要陪同新娘一起回岳父家，而且要给岳父母带上 6 斤或 4 斤茶食。新娘的娘家有时是派人来接，有的干脆是新婚夫妇直接去。下面的案例代表了刘庆洪村婚嫁礼俗的新动向。

刘群，男，2006 年结婚，当时 26 岁。新娘刘佳，24 岁，娘家在茌平县城近郊。刘群在茌平县毛巾厂工作，与同在毛巾厂打工的刘佳是自由恋爱，恋爱时间为两年。他们的婚前仪式只有一次“大见面”，也就是订婚。

新郎亲迎新娘入门

2005 年刘群举行订婚仪式时，刘群的父母和叔父陪同他去了茌平县城。他们没有带席面，而是在茌平县城一个饭店里摆了酒席。男方共订了 4 桌席，每桌 12 个菜，每桌花费约 200 元，自带了 2 箱酒、3 条烟、6 斤花糖、10 斤瓜子，还有饮料。

男方送给女方的见面礼是：1100 元的红包；刘群父母，刘群大姐、二姐分别给刘佳 200 元满水钱；刘群的大姐家境较好，还送给未来弟媳“三金”：金耳环、金戒指、金项链。

订婚后，刘群开始给岳父母送节礼。结婚时，刘群从茌平县城租了 4 辆婚车去亲自迎接新娘，并雇了摄影师录像。新娘身穿白色婚纱，并化了妆。其中一些婚礼细节比较西化。如，新郎给新娘献鲜花，将新娘从娘家抱出送到婚车上；到了新郎家后，新郎再从婚车中将新娘抱到院子里。结婚典礼上，新郎为新娘戴戒指。典礼结束后，新郎、新娘入洞房。随后，新郎出去招

待客人。婚宴上的第一道菜仍是传统的茶肴。新婚夫妇在婚宴上挨桌给客人们敬酒，这是以前没有的习俗。婚后新娘回门时，婆婆让新娘带上6斤茶食送给新娘的父母，新郎陪同新娘一起去。

院中婚礼

刘群的婚礼在村里属于比较现代的，应用茶食的场合较少。一般的年轻村民结婚，除了去掉“小见面”这个仪式外，其他与茶食紧密联系的程序依然延续着，如“大见面”、送节礼、婚宴、回门等。

（二）生育礼俗

村民说，茶食是个“敬头儿”，是送给长辈的，表示敬重。探望产妇是不能带茶食的。因此，茶食在生育礼俗中用得不多。

村里面谁家生了孩子，家里人就往外传信。本族的人听说后就前去看望，时间不定，但应尽早去。村民吴立新说，本族的会送40个或60个鸡蛋，本村关系要好的[①]会送100个鸡蛋和1包红糖，都是妇女去看望产妇，而且不会留下吃饭。

送祝米是在孩子出生后的第三、六、九、十二天；现在又流行将第九天和第十二天合并在一起，在孩子出生后的第十天送一次祝米，称作“十全十美”。产妇娘家在孩子出生后的第三、六、十天都要来看望；产妇的其他近亲（如产妇的亲姐姐）要来两趟，分别在第六天和第十天。一般族亲和远亲只来一趟，时间是在孩子出生后的第六天或第十天。送祝米时，姑姑要送上亲手为孩子做的裤子，姨妈要送给孩子自己做的棉袄，俗称“姑姑的裤子姨的袄”。

在孩子满月时，产妇要带孩子回娘家。在姥娘家，由姥娘执剪为婴儿剪发。给男孩剪发时，讲究“前三后四”，寓意是“识文解字”，希望男孩长大后好

---

① “要好的”意思就是关系好，走动密切。双方可以是因为家族关系近而关系好，也可以是日常相处时脾气相投，所以要好的也可以是异姓家族。

好读书写字；给女孩子剪发讲究“前七后八”，寓意是“会剪会插”，希望女孩子心灵手巧，长大后会裁剪、缝衣、插花[①]。还有俗语说：“住七不住八，住八赖姥娘家。”意思是说，孩子满月后在姥娘家居住的时间不能超过七天，不然以后再回姥娘家居住便容易生病。

时兴给孩子“过周岁”是进入21世纪以后的事情。这一天，孩子的姥娘、姑姑、婶子、姨带着衣裳、饼干、糖、水果来看孩子，还让孩子“抓周”，以此预测孩子未来的职业，也包含长辈对孩子的良好祝愿。

（三）丧葬礼俗

村民刘忠红从1973年开始参与丧局，现在已是刘家丧事仪式的主持人。据他说，这些年来丧事的程序、丧服、祭拜仪式没有什么变化。不过，祭品变化最大，20世纪70年代最贵重的祭品是“果子祭”，现在最贵重的是“三鲜祭”。另外，如何处理家中的棺材也发生了变化，已经由原来的往外抬棺材改为现在的往外拉棺材。原来村里时兴用丧舆往外抬棺材。丧舆是四条大棍子扎在一起，将棺材放到上面，然后由人抬到墓地。一共要16个人，一个角上是4个人。用丧舆抬棺材时，有专门的人指挥。指挥人傲物[②]得了不得，喊着号子指挥16个抬棺人。16个人动作必须要协调一致，不能让棺材偏沉，更不能让棺材沾地。指挥人手中拿着鞭，哪里用劲不均，鞭子就会落到哪里。刘庆洪全村只有一副丧舆，谁家用了就暂时保留着，到有人去世时就到他家去拿。后来丧舆弄丢了。2004年，刘庆洪村开始使用地排车拉棺材，但是这个风俗也不是一下子就得到了大家的认同。村里老人刘玉珍去世时，她的小儿子就不让用车子往外拉棺材，而是找人从在平南街雇了一副丧舆。在他看来，往外抬棺材是对亡故人的一种尊重，这也代表了当时一部分人的观点。现在，用地排车拉棺材已经较为普遍。拉车用不着很多人，比原来也省劲了。

据当地老人说，茶食自古以来就是葬礼上的祭品，只不过其作为祭品的等级发生了变化。葬礼上的祭品，有死者的儿孙自己摆设的祭桌，还有亲友赠送的祭品。在当地，老人去世后，子孙就要在灵堂内摆上供桌，桌子上面

---

① “插花”在当地意为绣花。

② “傲物”，当地指以自己为中心，高傲自负，所有人要听命于自己。

有死者的画像，旁边有一竖折，上写“先考（或先妣）×府君　×××　之神位”。供桌上摆上祭品，一般是4碗菜，里面是豆腐、粉条、白菜等，上面盖着煎的鸡蛋薄饼，另外再放些水果和1把酒壶、3个酒盅，供桌两边还要放上2封茶食。

目前，按亲友与死者的关系亲疏，来吊唁时所带的“祭”共有四个等级，分别是“三鲜祭”“果子祭”“馍馍祭”与“花祭”。四个等级中，“三鲜祭”是最隆重的，“馍馍祭”是最具有抚慰性质的。敬献“三鲜祭”的亲友身份为女婿。如果死者只有一个孙女，孙女婿也与女婿一样，敬献“三鲜祭”；如果死者孙女众多，那么这些孙女婿一般只敬献6封茶食。“果子祭”的隆重程度仅次于“三鲜祭”。献“果子祭”的主要是死者儿子的好朋友。如果死者为女性，送“馍馍祭”的亲友就是死者的娘家人，一般是娘家侄子；如果死者为男性，送“馍馍祭”的就是死者岳父家的人，一般是内侄。送“花祭”的亲友则为死者的侄女婿、外甥女婿或表妹夫等关系较为疏远的亲戚。“三鲜祭”的祭品是一刀猪肉、一只全身为白毛的活鸡和一条鱼，有的村民称此为“三牲”；“果子祭”的祭品是6封茶食；“馍馍祭”是6个大白面馍馍；“花祭”的祭品通常是4封桃酥或者几条饼干，又或者是2封茶食。

亲戚来送祭品时，孝子要出门接祭。程序是这样的：丧局（现在又叫“治丧委员会”）安排两个人在街口放置一个祭桌。亲戚带祭品到了以后，由这两个人将祭品摆放在祭桌上。随祭品一起的往往还有一挂鞭炮。掌管接祭的人将鞭炮点燃，意在通知家里人来客了。“柜上”[①]的人听到鞭炮声，便带领孝子出来接祭，前面有吹手开路。来到街口的祭桌前，孝子、孝孙们边哭边磕头迎接，随后回转，照应祭桌的两个人便抬起桌子跟着孝子进家，客人们跟在后面。丧家大门口旁有一个打信鼓的人，看见有客人进来就打鼓通知灵堂和灵棚里的守灵人。但是打鼓人打信鼓是需要给钱的，一般来客要送给打鼓人一些零钱，多的有给5元、10元的，少的也有给5角的。打鼓人通常向女婿尤其是新婿要钱最多，一些原来的亲戚给多给少则随意。如果来客不给钱或打鼓人嫌给得少，就不打鼓通报，或者故意传递错误信息。因为丧局有规定，来客若是男性就打三声鼓，若是女客就打两声鼓。而丧局对

① “柜上”，丧局里负责孝子一方丧仪事务的机构。

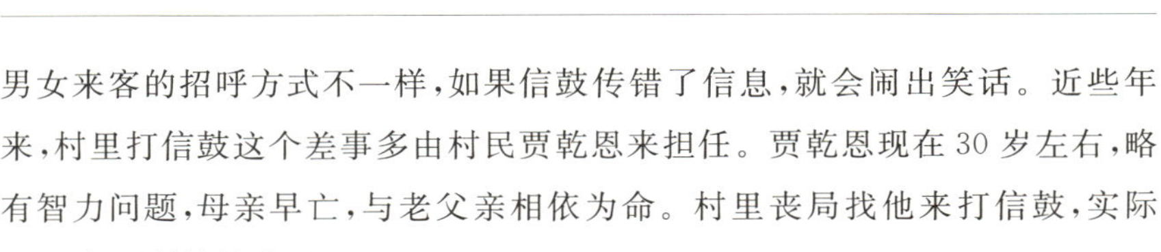

男女来客的招呼方式不一样，如果信鼓传错了信息，就会闹出笑话。近些年来，村里打信鼓这个差事多由村民贾乾恩来担任。贾乾恩现在30岁左右，略有智力问题，母亲早亡，与老父亲相依为命。村里丧局找他来打信鼓，实际上是有照顾他的意思。

孝子第一个接的祭必须是死者娘家人或岳父家的人送来的“馍馍祭”，其次就是死者女儿、女婿的“三鲜祭”，其他亲友的祭就不分先后了。祭品被抬入家后，就被放到灵堂里的供桌上，放不下的就放在供桌两边，但是“馍馍祭”的祭品必须摆在供桌上。

馍馍祭

三鲜祭

挽幛

丧礼上的鼓乐班子

丧礼上的“礼柜”

“柜上”是丧礼上的最高权威，所有的人包括丧主一律要听从“柜上”安排。亲友们奔丧时，带来的祭礼和祭品全由“柜上”处置并安排记账。负责记账的为“礼柜”。花圈之类就摆放在院子里，先由“礼柜”在挽幛上面写上来客姓名及与死者关系，再将花圈挂在灵堂周围。亲友送的礼金、挽幛及祭品都记入账内，丧事完毕后送给丧主；但是对于能吃的祭品，比如茶食、饼干之类都由“柜上”自由处置，有人收到后当场打开食用，丧主家不能过问。食用祭品在丧主礼账上显示的是“神食”，但没有具体内容。比如“礼柜”记录：“××× 礼 壹佰元 挽幛一架 神食一桌。”这里的“神食一桌”实际上指的是6封果子，但是“礼柜”并不明确写出来。

在抬死者灵柩下葬时，负责接祭的两个人要抬上原先放置在灵堂里的供桌，走在灵柩前面。供桌上面放有供品和死者遗像。送葬的男性亲友都走在供桌的前面，女性亲友都走在灵柩的后面。路途中送葬队伍一般停下三次，各个孝子、孝孙与男性来宾要向死者行告别礼。如果有男性乡亲想向死者表达自己的惜别之意，也可在各亲友告别完毕后向前行告别礼。这在当地叫“奠”。送丧队伍在行进中，两侧都是围观的乡亲。在进行“奠”时，抬灵柩的人放下灵柩，供桌放在灵柩前，丧局安排人在供桌近前及前方10米处各放一张草席，供行奠礼的人下跪磕头用。男性亲属按与死者关系的亲疏在灵柩前分列两侧跪在路边，让开一个通道供行奠礼用，这些男性亲属后面通常是围得水泄不通的乡亲。行奠礼节最隆重的是死者的女婿们和儿子的朋友们，他们往往要行三叩九拜之礼。最后一次告别仪式在墓地举行，完毕后，供桌上的祭品往往被围观的乡亲一抢而光，这叫“抓祭”，抓的一般是馍馍、茶食、饼干和水果。抢来的这些祭品都是送给孩子吃，大意是说孩子吃了身体好。

行奠(街祭)

行奠(路祭)

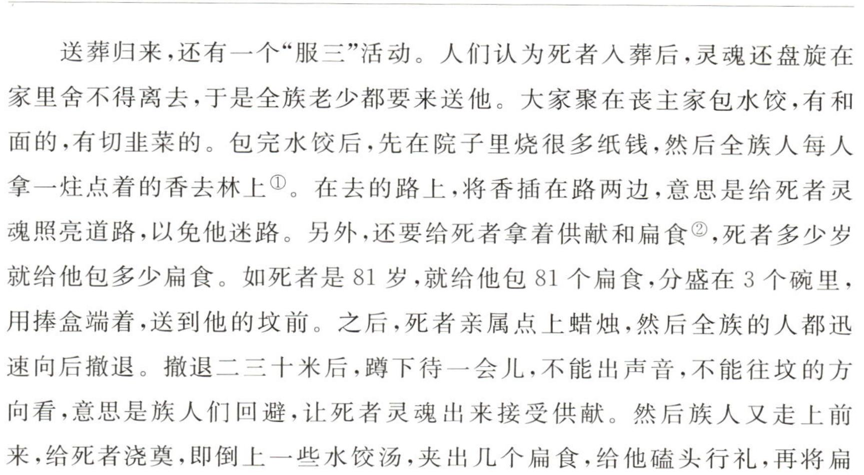

送葬归来，还有一个“服三”活动。人们认为死者入葬后，灵魂还盘旋在家里舍不得离去，于是全族老少都要来送他。大家聚在丧主家包水饺，有和面的，有切韭菜的。包完水饺后，先在院子里烧很多纸钱，然后全族人每人拿一炷点着的香去林上[①]。在去的路上，将香插在路两边，意思是给死者灵魂照亮道路，以免他迷路。另外，还要给死者拿着供献和扁食[②]，死者多少岁就给他包多少扁食。如死者是 81 岁，就给他包 81 个扁食，分盛在 3 个碗里，用捧盒端着，送到他的坟前。之后，死者亲属点上蜡烛，然后全族的人都迅速向后撤退。撤退二三十米后，蹲下待一会儿，不能出声音，不能往坟的方向看，意思是族人们回避，让死者灵魂出来接受供献。然后族人又走上前来，给死者浇奠，即倒上一些水饺汤，夹出几个扁食，给他磕头行礼，再将扁食端回来。祭奠完之后，族人们回到家里一起吃水饺，一直到晚上 12 点才结束。这种习俗一直存在。以前生活条件不好时，扁食包得少，大家只是尝一尝；现在生活条件好了，包得也就多了，人人都能吃饱。

葬礼完毕后，还有对死者的“三七”“五七”“百日”和“周年”的祭奠。在这些祭奠日中，最隆重的是“三七”。按照当地的习俗，如果死者有 3 个儿子，就忌讳给死者过“三七”，而是要大过“五七”；如果死者有 5 个儿子，则大过“三七”，不过“五七”。

四、茶食与乡民礼俗再结合

茶食于 20 世纪 80 年代初在乡民的礼俗生活中重现，并于 80 年代中期迅速成为一种相对固定的礼俗，与当时的社会形势有密切关系。

1979 年 4 月，中共中央召开了由中央和各省、市、自治区主要负责人参加的中央会议，讨论调整国民经济的问题，正式确定了“调整、改革、整顿、提高”的八字方针。在农业方面，党中央的工作重点是建立健全生产责任制和发展多种经营，鼓励农民发展家庭副业。1980 年 10 月，国务院颁布了《关于开展和保护社会主义竞争的暂行规定》。这个《暂行规定》提出，在社会主义公有制经济占优势的情况下，允许和提倡各种经济成分之间发挥所长，开展

① 当地称坟地为“林上”，称祖坟为“老林”。

② 当地村民习惯称水饺为“扁食”。

竞争。随着各方面改革工作的有序开展，我国经济体制统得过多、管得过死的状况有所改善。

在上述背景下，改革的春风很快吹到中国的农村。首先是农村的集市贸易开始恢复。“文化大革命”开始后，茌平县的工商管理工作秩序十分混乱，大部分集贸市场被关闭，到 1978 年时全县集市仅有 11 处。中共十一届四中全会通过了《发展农业若干问题的决定》，明确规定家庭副业和集市贸易是社会主义经济的附属和补充，决不能把它当作资本主义经济来进行批判。此后，多年遭受冲击的集市贸易得以恢复生机和发展。1979 年，茌平县的各处集市恢复传统集期，并由原来的 11 处增加到 21 处。

1980 年，茌平县委、县革委严格贯彻落实聊城地委“粮棉一起抓，重点抓棉花”的指示，实行种棉优惠政策，扩大植棉面积。1981 年 2 月，茌平县委、县革委召开万人大会，要求在全县农村推行土地承包责任制。同年，茌平县抽调 100 多名农技人员和有经验的公社干部，组成 50 个小组深入农村宣讲棉花管理技术，时称“送技术到户”活动。这一活动大大提高了当地农民的棉花管理技术，更增加了农民生产的干劲和信心。《人民日报》对此进行过报道，号召各地学习茌平经验。在实行土地承包责任制后，当地的棉花连年增产丰收，具体见下表所示。

1970～1984 年茌平县棉花产量[①]

年　份	面积(万亩)	总产皮棉(万担)	单产皮棉(公斤)	收购皮棉(万担)
1970	24.70	13.00	26.20	13.30
1971	22.60	9.10	20.10	8.60
1972	22.30	7.10	15.90	6.80
1973	22.30	7.30	16.40	6.90
1974	22.30	7.30	16.50	6.70
1975	22.70	8.10	18.20	7.60

① 参见山东省茌平县地方史志编纂委员会编:《茌平县志》，齐鲁书社 1997 年版，第 337 页。

续表

年　份	面积(万亩)	总产皮棉(万担)	单产皮棉(公斤)	收购皮棉(万担)
1976	22.20	5.40	12.20	4.80
1977	21.90	3.40	7.90	3.40
1978	22.10	5.70	13.00	5.10
1979	20.40	7.20	17.50	6.60
1980	34.30	34.30	51.20	3.30
1981	42.70	42.50	49.80	41.00
1982	61.40	57.40	46.80	53.80
1983	68.00	76.00	57.50	73.80
1984	69.00	93.60	67.50	92.80

同时,在生产积极性和种植技术双向提高的基础上,当地的小麦产量也大幅增加。下表是茌平县1970～1985年的小麦亩产量统计。

1970～1985年茌平县小麦亩产量①　　(单位:公斤)

年　份	1970	1971	1972	1973	1974	1975	1976	1977
亩产量	46	58.2	83.8	68.5	61.5	85.4	89.5	66.5
年　份	1978	1979	1980	1981	1982	1983	1984	1985
亩产量	118.5	112.5	108.5	154.5	237.5	294.5	308.5	319

据《茌平县志》记载:“麦,重要植物也,为茌邑农家最大产物。”1949～1985年,茌平县的小麦种植面积一直占粮食作物种植面积的首位。但在过去,乡民全年吃上白面细粮是一种奢望,用小麦面粉制作的馍馍、枣卷等面食曾是乡民走亲访友的传统礼物,乡民还以馍馍颜色的白否来断定礼

① 参见山东省茌平县地方史志编纂委员会编:《茌平县志》,齐鲁书社1997年版,第143页。

物的精细程度[①]。土地承包以后，小麦的亩产量剧增，乡民全年以小麦面粉为主食已不再是奢望，而成为现实。

当白面馍馍成为人们日常饮食中的寻常之物以后，乡民们就开始寻找能够代替白面馍馍的礼品。茶食在当地有着悠久的历史，且有在礼俗中应用的传统。乡民们在心里认定茶食是一种贵重的食品，称它为“上席果子”或“茶肴”，在记忆深处对它有一种深深的向往。而此时，刘庆洪村“大兴斋”茶食铺传人贾立德敏锐地觉察到国家形势的巨大变化。1981 年，已退休在家的贾立德老人以 30 元人民币起家，带领孙子重新做起了自家的茶食生意，恢复了“大兴斋”老字号。村里茶食铺的重新开业引起了乡民的注意。茶食很快成为村民走亲访友的礼物。据“大兴斋”现任掌柜贾元臣回忆，自 1981 年分田到户后，家家户户吃上麦子，走亲戚所带的礼物就由馍馍逐渐变成了果子；到 20 世纪 80 年代中期，果子作为一种礼品已经大量用于人情往来，形成固定的茶食礼俗。尤其是在男女定亲时，男方必须要向女方赠送茶食。以下“大兴斋”茶食铺里流传的“大尉青年哭了”的故事可以充分说明贾家茶食在村民结婚过程中的重要作用。

1984 年的腊月中旬，大尉村[②]一个青年男子到贾元臣家里买果子。他需要 6 斤果子去草庙杨村[③]见面相亲。当时贾元臣正赶着加工三十里铺杜家预订的 200 斤果子。三十里铺杜家有 100 多口人，集体预订了贾家的果子。当时贾元臣祖孙加工 200 斤果子就很吃力了，没有余力再卖给其他顾客果子。贾家怕有其他顾客上门，就将大门上了门闩。没想到大尉男青年翻墙而入，一定要买他的果子。贾元臣此时已经将果子全部预订出去了，为了自家信誉，他就拒绝将果子再转卖给其他人。最后两人僵持不下，男青年竟哭了。据他说，曾经有人因为没有用贾家果子而导致亲事告吹，他担心自己也会遇到同样的事情。当时常海子村的孙基业（贾元臣的一个亲友）正在贾家帮忙，在他的劝说下，贾元臣心软了，最后卖给了男青年 6 斤果子。由此可

---

① 当地乡民以馍馍的颜色来判断小麦面粉的精细程度。如果馍馍的颜色白，就认为是用精面粉蒸的；反之，就认为所用的是粗面粉。这里面粉的精粗是指 50 公斤小麦粒所磨出的面粉的多少。如果 50 公斤小麦粒出的面粉多，就被称为是“粗面”，蒸成的馍馍颜色就呈褐色，当地乡民说是“黑馍馍”，用这样的馍馍做礼物会被认为小气。

② 该村距刘庆洪村 1.5 公里。尉，音“yǔ”。

③ 该村距刘庆洪村 2.5 公里。

见，茶食尤其是“大兴斋”茶食铺的茶食，在村民婚庆、送节礼方面扮演着重要角色。

五、茶食礼俗的新动向

（一）朋友间的交往

20 世纪 90 年代以后，关于茶食礼俗的一个新表现是乡民利用茶食来经营非亲属序列的关系。近些年来，农家孩子接受教育的机会增多，受教育程度比过去有所提高。从大学或中专之类的学校毕业后，他们要寻找工作。在这种情况下，村民就会托亲戚找关系，希望为子女谋一个好出路。一旦成功之后，朴实的乡民总是对帮忙的人感恩戴德，用各种方式表达自己的感激之情。有一村民的儿子 1999 年从聊城卫校毕业后，面临就业问题。村民的姐夫有一个好友，是东阿县委的老干部。在这位好友的帮助下，村民的儿子被分配到博平医院。这个村民心中非常感激，每年中秋节和春节前夕都到铜城去看望姐夫的这位好友，携带的礼物中每次都有 6 斤茶食，外加自己田地里产的作物，如香瓜、红果等。现在，这位村民的儿子已调入茌平县医院，且已结婚生子。村民夫妇两个也年事渐高，有时会到县城儿子家里住一段时间。但是他依然记得每年春节前回家，带上茶食去拜望自己的恩人。这是亲属之外的关系序列，所以这位村民不像走亲戚一样在春节过后去拜年，而是赶在节前送去一些家乡的茶食表示心意。

（二）日常消费的美食

随着百姓生活水平的提高，茶食也逐渐成为乡民们日常消费的一种美食。但是并不是所有的村民都可以将茶食作为一种休闲食品，他们主要由三部分构成：(1)一些退休干部。他们自己有工资收入，生活富裕。(2)一部分老年村民。其家庭条件比较好，子女有出息且比较孝顺，老人有多余的金钱来购买这种休闲食品。(3)一些经济条件较好的年轻夫妇，喜欢给自己年幼的孩子买茶食吃。

笔者曾在 2007 年端午节前夕跟随贾乾坤、贾金明祖孙二人到集市上调

查了茶食的销售情况，并作了一个统计。当时的价格是每斤3元，具体交易情况如下表所示：

2007年端午节茶食销售统计

顾客	购买数量或花费	用途	包装方式	备注
原田庄村书记	2斤	自用	方便袋	已退休
男青年	6斤	送节礼	传统包装	骑摩托车
约30岁的妇女	5元	自用	方便袋	带3岁小孩
70岁老人	1斤	自用	方便袋	
约35岁的妇女	4元	自用	方便袋	带4岁小孩
40岁妇女	2斤	自用	方便袋	浇地的时候带着吃，补充体力
50多岁的退休教师	2斤	自己和母亲吃	方便袋	因母亲爱吃茶食，每个集市上都会买一点
30岁男子	4斤	送双方父母	传统包装	
3个约40岁的妇女	每人2斤	自用	方便袋	自己想尝尝
30多岁的妇女	10元	自用	方便袋	家里大人、小孩都爱吃
75岁男子	1斤	自用	方便袋	泡开食用
50多岁的妇女	1斤	孙子吃	方便袋	
80多岁的老太太	1斤	自用	方便袋	泡开食用
70多岁的妇女	1斤	自用	方便袋	
约35岁的妇女	2斤	自用	方便袋	骑电瓶车

续表

顾客	购买数量或花费	用途	包装方式	备注
约 30 岁的妇女	1 斤	自用	方便袋	带 2 岁小孩，家里有加工面条生意
约 30 岁的男子	1 斤	自用	方便袋	在集市上摆书摊，带 6 岁男孩
60 岁妇女	1 斤	自用	方便袋	骑人力小三轮车
38 岁男子	1 斤	自用	方便袋	在集市上摆钟表摊
约 35 岁的妇女	2 斤	自用	方便袋	带 6 岁孩子，骑电瓶车
约 40 岁的妇女	4 元	自用	方便袋	带 8 岁男孩，骑电瓶车
58 岁妇女	1 斤	自用	方便袋	骑电瓶车

从上表也可以看出，现在农村拥有电瓶车或摩托车的人家多了，这也是家境比较富裕的标志。同时，使用方便袋装茶食的人也多了，说明茶食的礼仪性质正在慢慢消失，大家渐渐地将其看作日常消费品了。

老人自购茶食

六、茶食——当地民俗符号

作为一种美食，茶食在历史的发展中形成了众多的品种，其品名也多有吉祥之意，如金钱饼、百子糕、金棍儿、白糖万寿糕等。但在鲁西地区，人们并不在意它的品类，而将其泛称作“茶肴”“果子”“点心”等。尽管伴随社会的变迁，茶食施与的对象及方式有一定的变化，但它在礼俗场合向人们传达的信息是基本不变的，即表达了敬赠者对接受者的高级礼遇和尊重崇敬之意。这使茶食不仅仅是一种高级的休闲食品，更成为一种民俗符号。

关于民俗符号，乌丙安曾作过详细的论述：“任何一种或一个民俗事物和现象，都是经由人们用相应的表现体构成的。这些表现体，正是各式各样民俗元素的象征符号。……传送着民俗特有的知识、经验、概念等多种信息。红双喜、红对联、大红毡、大红轿、新红礼服、红盖头、大红请帖……都在传送着中国传统婚俗的喜庆信息……灯会与汤圆传元宵，五彩丝、雄黄酒、米粽传端午，月饼传中秋等等。这都是民俗事象的表现体，也就都形成了中国特有的民俗象征符号。”[①]根据其形态及其在乡民生活中的应用，茶食应属于乌丙安所提到的“视觉的实物指符”[②]。它本是俗民生活中的实物，是俗民喜爱的一种美食，但同时也具有传送民俗信息的符号功能。其前提是，这种实物必须进入一定的民俗场景，与民俗仪式相结合，以此凸显它的这一功能。比如茶食要放在一封封传统的礼包中，才能在聘礼中出现，才能表达男方缔结婚姻的愿望与诚意，才能表达对未来岳父母的敬意；茶食的数量和质量也传递着男方对婚事的满意程度及其经济实力。当节日期间乡民们把茶食放在祖宗的牌位前，当葬礼上孝子跪地迎接作为祭品的茶食并以“神食”之名记在礼账簿上，当所有未过门的女婿都以6封茶食为核心来为准岳父母置办节礼时，就是茶食作为民俗符号进入民俗场景，与民俗仪式相结合，从而发挥它的符号功能的时候。近年来，有的乡民不再要求对茶食进行传统的包装，而是将其随意装入方便袋中带走，这种情形下的茶食就不再具有民俗符号的性质，而是成为乡民日常消费中“好吃的”东西。

---

① 乌丙安：《民俗学原理》，辽宁教育出版社2001年版，第212～213页。

② 乌丙安：《民俗学原理》，辽宁教育出版社2001年版，第251页。

茶食作为一种民俗符号，主要应用于乡民的礼俗生活中，其使用规则也就直接体现了乡民的礼俗规则。村民通过茶食来表现及维护亲属及拟亲属之间的关系秩序。

当然，由于社会变迁而带来的不同的礼俗规则，也通过茶食表现了出来。这在结婚礼俗上表现得尤为明显。在民国时期，由于男女双方在婚姻地位上相差悬殊，女方事事要听从男方的决定。女方家奉行的是“怕的是官家，敬的是亲家”的原则，并通过茶食表达自己的这种恭敬态度。例如，让女儿在新婚之夜转送给女婿茶食，表达新娘的娘家人对女婿的情意；女儿从娘家回婆家，娘家人总是让女儿带一两斤茶食作为礼物送给亲家；将自己的女婿称作“贵客”，女婿来家时给予隆重接待，酒桌上一定要摆放茶食果碟。随着社会的发展，妇女在家庭中的地位也在不断提高；在结婚礼俗中，男方也要处处遵从女方的意见，茶食所施予的对象也由原来的男方变成了女方。男女一旦订婚，男方家庭就要向女方家示好，而聘礼及婚前节礼中的茶食就成了传递这种敬意的工具。男方如果没有向女方家赠送茶食或故意以质量低劣者充之，女方家就会不满甚至会作出退婚的决定。这类事件在村民的实际生活中确实出现过，这使得村民更加慎重地遵守这种礼俗，以至于出现上文中所提及的“大尉青年哭了”的情景。

自20世纪80年代以来，茶食在当地乡村社会中充当了亲属间交际工具的角色。乡民们利用茶食来表明、强调和维护与亲属的关系及关系的秩序，从而使传统的道德规范和亲属关系网络得以有效运营。例如，春节前夕，已婚的男子要敬送父亲的亲兄弟1封茶食。这是对于叔侄关系的一种表示和肯定，表明亲属血缘关系在下一代的延续，而对这种关系的表示和肯定使双方在日常生活中形成互帮互助的习惯，在村落社会事务上容易结成坚固的同盟，形成一致对外的力量。在刘庆洪村，中秋节和春节前夕，与父母分家另过的儿子们均要向父母敬送至少2封茶食，这已经成为一个约定俗成的规定。现在已嫁的女儿们也开始这样做。已婚的儿女们根据自身经济状况的不同，向自己的父母敬献的礼物种类也各不相同，但都是以茶食为核心。按照村民对茶食的理解，这种自发形成的茶食应用规范实际上是在传达崇尚孝道的古老信念。崇尚孝道、尊老养老是中国传统的伦理道德规范。在刘庆洪村所在的区域，乡民们以自己特有的方式将这种传统美德传承下来。

节日期间，他们将茶食礼仪化地敬献给自己的父母，以此表明父母在家庭中的尊贵身份。在当地村落社会中，衡量一个人的道德标准最基本的一条就是遵守孝道。不孝敬老人的村民在村落人缘关系发展中总是会遇见诸多阻碍，因此过节时向父母敬赠茶食也成为某些村民向社会证明自己的一种手段，这也在无形中维护了传统的道德规范。

姻亲对村民来说是另外一种非常重要的关系。在姻亲关系网络上，不同层级的亲戚关系需要承担不同的责任和义务。一年一度的农历新年后的走亲戚活动在本质上是对原有亲戚关系的经营与维护，也是对不同层级的亲戚关系的再一次确定。在走亲戚的过程中，茶食成为当地乡民们施展交际手段的一个重要工具。在这里，乡民们利用是否赠予茶食及赠予茶食的数量来表现不同层级的姻亲关系。在所有的姻亲关系中，最核心的便是与自己岳父母家最新建立的这种关系。乡民们说："最要紧的是新亲戚。"这里的"新亲戚"就是指通过婚姻建立起来的亲戚关系，它将成为一个家庭里的核心亲戚关系。这种关系应用茶食的数量最多，一般为 6 封；特别是在新婚后的几年内，女婿对此事不可怠慢。当女婿在农历新年后携带茶食与妻子一起看望岳父母时，岳父母会视女婿父母的健在与否来决定是否将茶食全部留下。一般来说，如果女婿的父母依然健在，岳父母至少要回 2 封茶食，以示对男方父母的尊敬。由此可以看出村民对这种姻亲关系的重视程度。

此外，舅父和姑母也是一种重要的亲戚关系，在逢年过节或其他重要日子，晚辈们通常赠予自己的舅父和姑母 4 封茶食。

在当地的村落社会中，这三种姻亲关系是村民社会生活中最重要的关系，村民的婚丧嫁娶及生育等仪式活动主要是由这三种关系来支撑。村民在生活中遇到重大困难时，首先会向这三种关系求助；当村民在村落生活中与外人发生重大争执和冲突时，这三种关系的亲戚会第一时间赶来相助。另外需要赠予茶食的亲戚还有姨母、舅爷爷、舅姥爷和姑奶奶等，茶食赠予的数量都通常为2 封。这些亲戚在村民的生活中所承担的责任和义务就减少了很多，与这些亲戚的联络主要是感情和仪式方面的。

在当地村落中，对一个已婚女性而言，她最重要的社会关系是自己的娘家，其次是自己的舅父和姑母。农历新年后去看望娘家、舅父和姑母时，都需要携带茶食。而去看望自己的姨母时，是不需要携带茶食作为礼物的，而且对是否去看望姨母，世俗习惯也并不做要求，全凭自己的意愿。需要指出的是，已婚女性探望这些亲戚往往是单方向的，这些亲戚不需要对其进行回访。

在村民生活中，还有一种重要的关系，即朋友关系。朋友关系可以被称为当地的“拟亲属关系”，因为在礼俗活动中，朋友是以对方父母的干儿子身份出现的。对村民来说，朋友是一种可以炫耀的社会资源。朋友之间在年节交往时所带的礼物往往非常贵重，携带的核心礼物——茶食——一般为6封或4封。村民普遍认为，送给朋友的礼物不能应付，礼物里面一定要有茶食和酒。有很多朋友因为赠送的礼物不合适，导致双方产生间隙甚至断绝了来往。不少村民精心经营与朋友的关系，使其成为自己在社会上的一支重要力量。

从上文的阐释中我们可以看出，村民在长期的生活实践中已经认同了茶食所负载的文化内涵，并自觉地将其运用到自己的礼俗生活中，使其具备了民俗符号的性质。乡民们将茶食赠送给自己应该敬重的神、祖先和人，茶食成为当地村民沟通人与神、人与祖先、人与亲属之间关系的工具。茶食铺及其生产的茶食已经深深地浸透到当地村落社会生活的方方面面。有村民肯定地说：“不管社会怎么变化，果子是灭绝不了的。”

第五章 村里的人 村里的事

一、刘凤阶烧窑，一窑不如一窑

刘庆洪村庄北边有一大片洼地，约有十几亩，现在属于第二生产组（原来叫“第二生产小队”）。这一片洼地比周围的耕地低1米左右，里面种植小麦、玉米等粮食作物，俨然是一片良田。不过村民仍称其为“窑坑”。

这片洼地确实是一个“窑坑”，它是因烧窑取土而形成的。在这个“窑坑”的北边，还遗留着两个巨大的土窑，底端直径七八米，高六七米。土窑里外长满野草，透着苍凉。10年前，这两个大土窑还是村里孩子探险的地方，孩子们挖野菜时会在这里捉迷藏，做一些攻防游戏。现在村里孩子数量少了，而且户外活动也没有以前多了。除了承包这块洼地的村民外，很少再有人到这个土窑来。

这两个大土窑和这个窑坑是刘氏十七世刘凤阶烧制砖窑遗留下来的。原来建筑上使用的都是青砖。刘凤阶就经营了一个窑厂，专门烧制青砖。烧制青砖要使用天然黏土，村后窑坑所在的这片土地就属于黏性土壤，非常适合做烧制青砖的原材料。黏土用水调和后制成砖坯，放入砖窑中煅烧。在烧制过程中要用水冷却，最后使砖成青色。烧制青砖和现在的红砖工艺不同。烧制红砖是自然冷却，而烧制青砖则是用水冷却，实际也就是缺氧冷却，这样就使黏土中的铁成分不能被完全氧化而呈现青色。相较于红砖，青砖的吸水性、透气性、抗氧化性、耐磨性都更好，而且用青砖垒成的屋冬暖夏凉，所以很受村民喜欢。村民多用青砖来砌墙基、门窗的边框，也用来铺地面、砌土炕的边沿部分。刘凤阶烧制的青砖色泽纯正，坚硬不易碎，非常受村民欢迎。从现存大窑坑的面积可以看出，当时烧窑取土量很大，青砖生产量应该也很大。

刘凤阶因为窑厂经营良好而财产颇丰。他为人豪爽侠义，喜欢结交朋友，为朋友不惜钱财。而一个乞丐却使刘凤阶的窑厂命运发生了转折。有一年秋冬季节，刘凤阶窑厂的一个雇工早晨去运柴火点火烧窑。窑厂里有很多麦秸垛，都是刘凤阶收购来烧窑的。这个雇工用三齿①从一个麦秸垛上往下刨麦秸，三刨两刨没想到刨着一个人。原来，这个乞丐为了避寒风，前天夜里躲到麦秸垛里睡着了。三齿落在人的身上就是三个血窟窿。当时的乞丐都归属丐帮。后来这个乞丐为了报三齿之仇，就带人来把窑厂的所有麦秸垛全都点燃了。一场大火将窑厂烧为灰烬。

后来，窑厂又重新开张，但人们发现砖窑烧不出好砖了，砖的颜色也没有原先纯正了。由此，村民们还传诵着“第一窑，烧了个大红袍；第二窑，烧了个老包下阴曹；第三窑，我的个娘唉，第三窑还不如前两窑!”并由此产生了一个俗语：“刘凤阶烧窑，一窑不如一窑。”

此后，刘凤阶的窑厂没有了原来那样的光景，又加上他对朋友豪爽，接济一些穷苦亲戚，家境也很快败落了。到他的孙子刘玉魁这一代，正赶上土地改革划成分，他们就被划成了贫农。

二、“村里过过队伍”

村民刘忠友说：“咱们村是抗日前沿，战乱时候，咱们村过过队伍。”过过队伍意思是指有部队经过。

1947 年 1 月，刘庆洪村所在的茌平县全境解放。在这之前，村民已经过了很多年兵荒马乱的日子。1939 年，日军进占茌平，在茌平县各地设立据

① “三齿”，又叫“三齿钉耙”，当地使用的一种农具，用来刨地、翻地，刨地瓜、土豆和花生也常使用。它是装在木柄上，头部用铁锻造而成，共有 3 个齿，每个齿都有拇指般粗细，齿尖非常尖利，刨在人身上极其危险。

点，刘庆洪村附近的三十里铺、教场铺都是敌人的据点，在金牛山还有日军驻防。为此，茌平人民积极发起了抗日活动，先后成立的抗日组织有抗日青年救国会、儿童救国团、抗日武装工作队、妇女抗日救国团等。1939年8月，茌平县工委首先在茌平三区建立抗日民主区政权。茌平三区即三十里铺所在的周边地区。这是茌平县在抗日县政权成立前建立的第一个抗日区政权。1940年，以刘庆洪村以南3公里的大白庄为中心的茌南抗日根据地建立。茌南根据地成为地县两级党政军机关的主要驻防区域。茌平县抗日民主政府于1941年冬在茌南抗日根据地创办抗日游击高小，在宋庄、迟桥、郭屯一带教学。抗日干部的子女和周围村落的一些适龄孩子在这个学校就读。学校给当地的孩子们带来光明与希望。该高小直到1947年下半年才从农村正式迁入县城。抗日游击高小先后培养出300多名学生，大部分都陆续进入部队党政机关和教育战线。

茌平县的抗日斗争很激烈。敌人在这里广设据点，烧杀抢掠。刘庆洪村周围的大吴、小马、教场铺等村都有日伪据点。三区的人民不甘心日军的侵略和蹂躏，奋起反抗。这些据点先后被当地民兵组织、地方武装和八路军主力部队消灭。

敌人为了报复，先后制造了茌南"六·二七"惨案、张家楼惨案等。除了日本人以外，茌平还盘踞着大汉奸李岐山的伪军。李岐山投靠日本人以后，成为山东三十三纵队司令、茌平县伪县长。他经常带领伪军到各乡村搜刮民脂民膏，祸害乡亲，残害抗日力量，对茌南、茌北抗日根据地轮番扫荡。1944年6月27日，李岐山纠集聊城、东阿、博平、阳谷等地4000多人集中扫荡茌南抗日根据地，对根据地实行拉网合围。茌平县政府发现敌情后马上通知各村群众转移，但是依然有一部分群众和革命干部没有冲出敌人的合围圈。最后这些群众被围困在韩集以东张会所村附近的一片旷野上。当时麦收刚过，周围没有青纱帐的屏障。日军逼问群众八路军的下落未果后，就开始了杀戮，他们用刺刀、机枪、步枪残忍杀害了134名群众和党政干部，制造了震惊鲁西的"六·二七"惨案。

1945年农历二月，日军和李岐山共同制造了另外一起惨案——张家楼惨案。张家楼的人民群众不堪日伪军的横征暴敛，在中国共产党的指导下，成立了抗日联防队，不向日伪军缴纳粮款，不承担日伪的任何公差。日伪政权便将张家楼视为眼中钉。1945年农历二月二十八凌晨，井上和李岐山带领3700多名日伪军对张家楼实施洗劫。他们使用重炮、机枪、步枪等武器攻入张家楼，对村民不分男女老幼实施残忍的杀戮，致使原有950人的村庄有604人死亡或受伤。张家楼惨案更加激起了当地人民的愤怒和反抗。1945年9月，冀鲁豫军区的八路军和部分县大队约5000余人成功地围歼长期盘踞在茌平的伪军李岐山部，击毙了李岐山，解放了茌平县城。

日伪时期，伪军在茌平很多地方征夫抓丁建筑围子①。围子一般有6米多高，外面挖有壕沟，防守非常坚固，很难攻破。当地比较有名的是刘望山村的围子。刘望山村是三十里铺东边的一个村落，距离三十里铺5公里左右。固守在那里的是一个叫冯太恒的伪军头目，属于三十三纵队的第三支队。老百姓称这支伪军为“三支队”。三支队既祸害乡亲，又经常破坏当地的共产党组织。1945年日本人投降，八路军解放茌平县城，李岐山被击毙，冯太恒率残部逃亡。1950年，冯太恒最终被当地公安机关抓获，押回东阿县。东阿县政府判处恶贯满盈的冯太恒死刑，将其在他的家乡高集处决。

1946年冬天，解放军开始攻打聊城。当时也有两支部队驻扎在刘庆洪村，一支连队骑红马，一支连队骑白马，所以村民称之为“红马连”“白马连”。部队的医院也驻扎在村里。医生、护士免费给村民治病。退休回村居住的刘忠友回忆，当年他的脖子上长了两个大疙瘩，是一个姓陈的护士给他做手术才治好的，那时他才11岁。当时村里有些青壮年也去了聊城做支援服务，有的做担架，有的修攻城梯子。军民一心，最终攻下了聊城。后来，大部队南下去阳谷。村里刘忠奇的父亲和刘忠全也跟着部队一起去了阳谷。他们是作为民工为大部队服务的，大部队过黄河后他们就回来了。

三、“仁兄弟”

“仁兄弟”是刘庆洪村民在血缘以外的一种重要的社会关系。村里每个男性都为自己能拥有几个“仁兄弟”而感到荣耀。如果一个人拥有“仁兄弟”，人们就会对他的人品、能力高看一眼；如果一个村民有众多“仁兄弟”，

① “围子”，指当时伪军建造的防守工事，类似城墙。平时日伪军就躲在围子里面。

人们更会对他羡慕不已。“仁兄弟”在老一辈儿的时候是要磕头结拜的，现在的“仁兄弟”就是知己的朋友。

所谓的“仁兄弟”，关键的是一个“仁”字。“仁兄弟”之间要讲求仁义和义气。这既是成为“仁兄弟”的基础，也是“仁兄弟”相处的守则。“仁兄弟”之间一旦失去了仁义，便形同陌路。

刘庆洪村民通常是在村落外部结交“仁兄弟”。这主要是因为村庄太小，都是自己本家人。成为“仁兄弟”不一定要有结拜仪式，很多年轻人就是因为在一起吃顿饭，喝顿酒，就结成了“仁兄弟”。“仁兄弟”关系可以是建立在两个人之间，也可以是多个人之间。“仁兄弟”关系一旦成立，彼此之间就比拟血缘亲属来称呼和相处，待对方的父母如自己的父母，待对方的子女如自己的子女。

刘忠会①年轻时曾在聊城的代庄与别人一起合开染坊。1946 年聊城被合围时，刘忠会与一同开染坊的代正朋被国民党抓去做壮丁。刘忠会想出一个办法，假装两个人是亲兄弟俩，对抓壮丁的国民党说：“我们家里父母全指望我们兄弟两个来养活，你们把我们兄弟俩人都抓来，我们父母怎么办？没有人管他们了，他们会饿死的。你们不管怎样也得放我们回去一个，我们留一个人在军队里。”国民党部队最后同意让他们一个人回去，一个人留下。刘忠会坚持让代正朋回去，而代正朋也坚持让刘忠会回去。两人相互推让，最后代正朋回去了。后来刘忠会偷偷逃走，藏在葛针窝②里。国民党军队没有找到他，便就此作罢。患难见情义，两人后来就成了磕头兄弟。此后，两家年年都走动。代正朋将刘忠会的父母当作自己的亲生父母来对待，因此也得到了刘忠会父母的钟爱。刘忠会的母亲每次提及代正朋时，都是亲昵地说“俺正朋如何如何”。双方父母去世时，两人也都披麻戴孝；两人去世后，其下一辈依然保持来往。

村里还有一种关系与“仁兄弟”类似，这就是战友。刘庆洪村有几十人曾先后当过兵，在部队里遇上同乡交往会更加亲密。他们复员回乡后也会像“仁兄弟”一样相互拜访。

刘忠友和大杨庄的杨玉忠、庞庄的庞家成是战友。在部队时，他们被分

① 刘忠会曾开过染坊，后在铜城工作，现已去世。

② “葛针窝”指带刺的灌木丛。

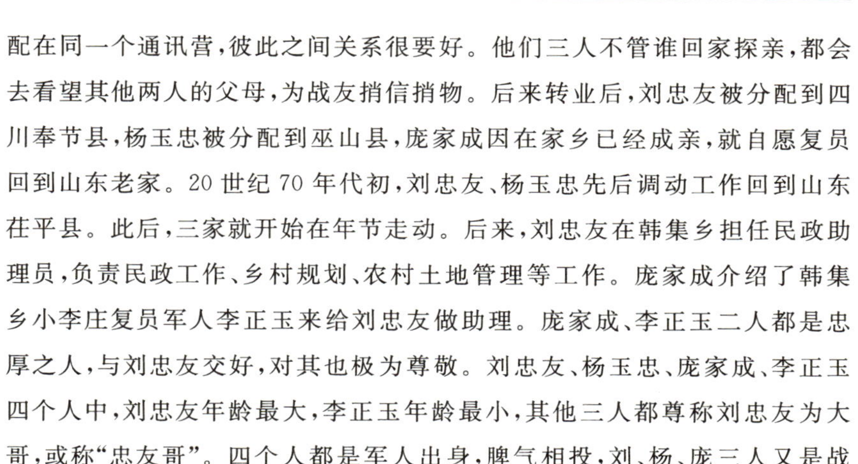

配在同一个通讯营，彼此之间关系很要好。他们三人不管谁回家探亲，都会去看望其他两人的父母，为战友捎信捎物。后来转业后，刘忠友被分配到四川奉节县，杨玉忠被分配到巫山县，庞家成因在家乡已经成亲，就自愿复员回到山东老家。20 世纪 70 年代初，刘忠友、杨玉忠先后调动工作回到山东茌平县。此后，三家就开始在年节走动。后来，刘忠友在韩集乡担任民政助理员，负责民政工作、乡村规划、农村土地管理等工作。庞家成介绍了韩集乡小李庄复员军人李正玉来给刘忠友做助理。庞家成、李正玉二人都是忠厚之人，与刘忠友交好，对其也极为尊敬。刘忠友、杨玉忠、庞家成、李正玉四个人中，刘忠友年龄最大，李正玉年龄最小，其他三人都尊称刘忠友为大哥，或称“忠友哥”。四个人都是军人出身，脾气相投，刘、杨、庞三人又是战友，所以四个人虽未正式结拜，但都是以“仁兄弟”相处。

刘忠友在四个人中排行老大，所以杨、庞、李三人都是年后来刘庆洪村看望刘忠友。“仁兄弟”的孩子都被当作仁侄来对待，孩子们也很喜欢到自己的仁叔、仁大爷家里玩。1999 年杨玉忠因病去世后，杨玉忠的妻子曾带未结婚的女儿和小儿子继续与其他三家走动。

“仁兄弟”之间除了年节时期的互访外，对方的红白喜事都要郑重参与。在“仁兄弟”儿子的婚礼上，“仁兄弟”往往会随一份比较重的礼，以示彼此的深情厚谊。杨玉忠有 3 个儿子和 1 个女儿。大儿子和二儿子结婚早，刘忠友夫妇去参加了他们的婚礼，礼品都是 40 元钱和一床被面。三儿子结婚时杨玉忠已经去世，刘忠友夫妇依然去参加了他儿子的婚礼，随礼 100 元。庞家成的儿子结婚时，刘忠友也去了，礼品是 40 元钱和一床被面。除了参加对方子女的婚礼外，“仁兄弟”间也要参加双方父母的葬礼，为对方父母披麻戴孝。过去，仁侄和死者儿子一样都穿孝衣，带双层孝帽。略有不同的是，死者儿子的孝帽角上带有“娘花羽儿”[①]，身上扎孝绳，仁侄则没有；另外，死者儿子的鞋子不能提上，要趿拉着鞋子。如果去世的是父亲，就趿拉左脚的鞋；若去世的是母亲，就趿拉右脚的鞋；如果父母均已亡故，就两只鞋子都趿拉着穿。近二三十年来，村里不再时兴穿孝衣，而是用搭肩布。所谓“搭肩

① “娘花羽儿”指的是带籽棉花，用白棉线串起来，有 5～10 厘米的长度，挂在孝帽角上。如果去世的是父亲，“娘花羽儿”就挂在左帽角；如果去世的是母亲，就挂在右帽角。如果父母都已亡故，就在两个帽角上都挂“娘花羽儿”。

布”，就是从肩膀上斜搭下来一块白色棉布，并在腰间缠上一圈系住。仁侄与死者儿子和死者女婿一样，孝服都是双层孝帽和 4 米长的搭肩布。有一点不同的是，仁侄和女婿的孝帽和搭肩布是事主家给的，而儿子的搭肩布是儿子自己的丈人家给的。村民的说法是“人不穿自家的孝”。届时，儿媳的娘家会给自己的闺女送来搭头[1]，给自己女婿送来搭肩布。

戴孝搭肩布

除了给“仁兄弟”的父母戴重孝以外，在祭奠时也要行大礼。依据当地丧葬礼俗，人去世后在家停放三天，第三天再出丧。出丧这天，从事主家到墓地行的三次奠礼是一件轰动全村的事。第一次是在事主家的灵棚里进行，奠礼完毕后起灵。第二次是将棺材抬到大街上后，在大街中部进行街祭。街祭结束后，送葬队伍继续向墓地行进。第三次是出了村以后，在大路上再进行一次路祭。这三次奠礼中，围观人数最多的是街祭和路祭。村民们主要是观看死者的贵客[2]和仁侄行奠。因为他们要行最隆重的奠礼，需要三拜九叩，礼数最周全。在全村众目睽睽之下，贵客和仁侄难免会紧张出错，这是村民看他们闹笑话的好时机。有的村民还会趁机捣乱起哄，比如故

① “搭头”，这里指葬礼上死者儿媳、女儿蒙在头上的白布。从头上披下来在腰间系住，一般是 3 米多长。

② “贵客”，即死者女婿。

意喊“迈错腿了”“笑哩，笑哩”。一旦出错，甚至笑场，就成为日后村民津津乐道的谈资。

刘忠友的母亲和父亲去世时，杨玉忠、庞家成、李正玉都参加了葬礼，为他们披麻戴孝。1999 年杨玉忠去世，刘忠友之子以仁侄的身份参加了葬礼，为杨玉忠穿重孝。李正玉的母亲大约是 1993 年去世，刘忠友去参加了葬礼，为李正玉的母亲穿重孝、行大礼。李正玉的父亲于 2007 年春节前去世。那年刘忠友 72 岁。李正玉觉得刘忠友年纪大了，不想让他再去披麻戴孝，怕他遭罪，就没有托人通知他。后来刘忠友知道了，又去参加了吊唁。

现在的年轻村民之间已经不太提“仁兄弟”这个词。年轻人在外求学时间长，有的初中毕业或高中毕业后就外出打工，所以他们接触同龄人的机会比上代人要多，结识朋友也更容易。他们将这种社会关系称为“同学”“朋友”。在这些同学、朋友中，他们会挑选一些关系要好的相互走动。他们虽然不以“仁兄弟”相称，但实际上依然遵循传统的“仁兄弟”交往模式。

四、村里当兵的人

在刘庆洪村进行土地改革以前，崔氏家族已积累起相对多的财富，而刘氏家族已经败落，有很多的贫困户。土地改革时期，村里对各家各户进行家庭成分划分，崔家有地主、富农，而刘家绝大部分都是贫农。这种划分很大程度上影响了村里年轻人的出路。

中华人民共和国成立后，村里年轻人最好的前途是去部队当兵。除了身体素质外，政审也很关键。崔氏因为家庭成分的原因，去当兵的不多；相比之下，刘氏家族当兵的很多。到目前为止，全村服过兵役的人有 24 人，其中刘氏家族中有 21 人，崔家只有 3 人。因此，村里 50 岁以上的人中，刘家在外工作的干部比较多。

在这些当过兵的人中，年纪最大的是刘忠友。刘忠友是 1935 年出生，高小文化水平，在家中排行第三，为人善良忠厚，村里同辈人都尊称其为“三哥”。“三哥”的名声很响，他的战友和同事、朋友也多称呼他为“三哥”。

刘忠友年少时就向往成为一名扛枪的战士。1946 年，刘庆洪村里曾经驻扎过八路军队伍。刘忠友那时年龄不大，经常跟着八路军牵马、喂马，也

想要参军。但是指导员觉得他年龄太小，就告诉他让他快点长高，等他长得比步枪还要高的时候，就让他进入部队。但是在解放聊城后部队没有再回来，而是经过阳谷县向南走了。刘忠友的参军梦就暂时搁浅了。

1953 年，村里成立互助组，刘忠友已高小毕业。在那个年代，学制是这样的：一至四年级为初小阶段，五、六年级为高小阶段。村里高小毕业的学生极少。刘忠友高小毕业后在互助组、初级社里当记工员。1955 年，刘庆洪村与丁庄村、南大吴村、崔海子村、常海子村联合成立高级社。刘忠友被请去高级社里当会计。

但是，刘忠友当兵的愿望一直存于心底。1955 年冬天，茌平县征兵时，刘忠友应征入伍。在茌平经过 7 天的队列练习后，队伍就被带到了禹城。在禹城，这些新兵坐上闷罐火车，火车一直开到东北，跨过鸭绿江，直接进入朝鲜境内。

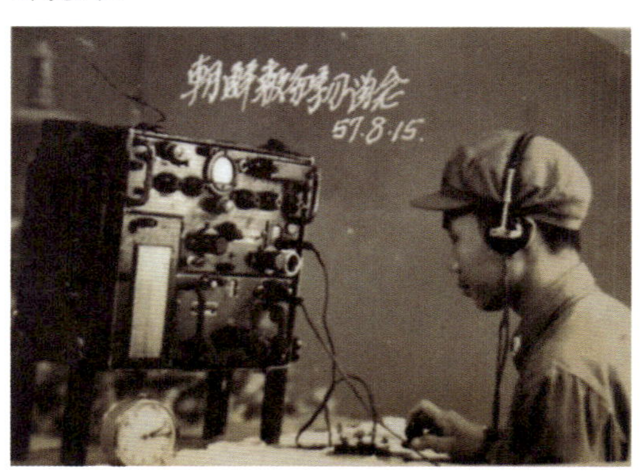

1957 年刘忠友在朝鲜培训学习（翻拍）

到达朝鲜后，刘忠友被分配到某军 103 师直属通讯营。通讯营下辖三个连：(1)无线连，负责电台通讯；(2)有线连，负责架电线、连电话线；(3)通信连，负责骑马或摩托车去送信。刘忠友被分配到无线连。分配到通讯营里的还有别的茌平籍士兵。一个是韩集乡庞庄的庞家成，也在无线连；一个是韩集乡大杨庄的杨玉忠，在有线连。他们是老乡，彼此之间互相帮助，相处得很好，后来成为一生的朋友。除了军营的正常训练外，这些士兵的任务就是帮助朝鲜人民恢复建设。刘忠友和他的战友们参加了朝鲜当地修建水库的劳动。那个时候，修建水库全是人工劳动，全靠志愿军战士肩挑手提。最终水库建成，解决了当地百姓的日常用水和农业灌溉难题。另外，战士们还帮助朝鲜人民修建房屋、收割水稻等，朝鲜人民对此很感激,刘忠友说朝鲜的"阿妈妮"[1]对志愿军战士很热情。但是也因为文化差异出过一个事故。那时有一个班的战士在节日期间聚在一起喝酒,来了一个朝鲜"阿妈妮"。于是,战士们也请阿妈妮喝一杯酒。战士们给阿妈妮斟上一杯酒后,阿妈妮一饮而尽。战士们看到这种情况后,又给她倒满一杯,阿妈妮又一饮而尽。双方语言不通,战士们以为阿妈妮喜欢喝酒而且酒量大,就继续给阿妈妮倒酒。结果阿妈妮喝晕倒了,战士们慌了,赶紧送她去医院。后来才知道,按照当地习俗,只要是自己尊敬的人给倒上酒,必须一饮而尽才显虔诚。而战士们不知道这个习俗,最后发生了阿妈妮酒精中毒的事故。为此,全班的战士都受到了处分。

1958 年,中国人民志愿军全部撤出朝鲜。刘忠友因为属于通讯兵,跟随部队首长先行撤回国内,在四川雅安接防。1959 年,西藏达赖喇嘛制造叛乱。刘忠友跟随指挥部从雅安进藏平叛。西藏为高原地区,战士们刚进入西藏时不适应高原气候,行军时不敢跑,每走二三十米就要停下休息。很快叛乱分子就被击溃了。这一时期,刘忠友先后出任电台台长和报务主任。电台台长为副排长级别,享受排长级待遇。后来,杨玉忠被调到无线连,跟着刘忠友当摇机班的班长。摇机班的任务是在电台开启后,给电台摇动机器发电。1960 年,刘忠友又随部队返回雅安。同年,刘忠友被调入 103 师 390 团的通讯连,并被提拔为通信排排长。

1962 年,刘忠友二次入藏,在藏南察隅地区参加中印边界自卫反击战。在战争中,他经常执行侦察任务。有一次,刘忠友与战友杨玉忠要爬上一个山头,侦察敌方阵地情况。当时已入冬,再加上高原山地,气候更加寒冷。但是为了轻装前进,刘忠友就将棉衣脱掉丢下,往山上爬。杨玉忠脱掉棉衣后没舍得扔下,就背在身上。爬到山上侦察完敌情,两人安全撤退下来。这时,杨玉忠发现自己的棉裤忘在山上了,就要回去找自己的棉裤。刘忠友没有拉住他,杨玉忠爬到山上刚一露头,敌人一梭梭子弹就打过来了。杨玉忠反应还算快,一翻身就滚下了山,棉裤也没捡回来,还差点丢了性命。后来,刘忠友常跟杨玉忠开玩笑,说:"你这个财迷,舍不得自己的棉裤,差点把命搭上!"

---

① "阿妈妮",朝鲜语,大妈、大娘、大婶的意思。

刘忠友通过发报传递信息和命令，在对印反击战中经常要待在前线指挥所。前线指挥所离战场很近。刘忠友说，印度兵不抗打，解放军抓了很多印度俘虏。审讯时，提到他们失败的原因，印度兵说："你们中国人太狡猾。我们印度士兵打仗穿的是大皮靴，鞋子太沉重跑不动。而你们中国人穿的都是胶鞋，轻便，跑得快。"刘忠友说："哪是我们狡猾呢？当时国家正处于经济困难时期，根本不可能给每个士兵都配大皮靴。我们俘虏了印军3000多人。国家的政策是优待俘虏，印度俘虏吃的、用的比自己人的还要好。"

2013年刘忠友与老伴在自家院子

1963年部队大裁员，全国裁减10万部队干部。尽管团长极力挽留，刘忠友还是坚持转业。最后团长决定，如果转业就留在四川。刘忠友选定了四川的奉节县，在县武装部任职。1971年，刘忠友被调到茌平广播局，1973年被调到茌平电厂。为了照顾家庭，1976年刘忠友到韩集公社负责民政工作，后来从韩集乡政府退休。

刘玉海大约是在20世纪60年代初参军入伍。他到部队后被分配到汽车连，成为一名汽车兵，驻扎在莱阳。刘玉海身材魁梧，为人正派，进入部队后表现积极，踏实肯干，后来上级有意提拔他为排长。提拔需要政审，因家庭成分问题，刘玉海提拔受阻。最终，刘玉海以班长的身份退伍。复员后，刘玉海在茌平第一棉厂工作，两年后转正成为正式员工，后来被调到茌平第四棉厂。第四棉厂所在地是三十里铺，距离刘庆洪村更近一些。在第四棉厂，刘玉海担任车间主任，后因病去世。

刘玉海的儿子刘忠强初中毕业后没有继续升学，于1991年秋后参加了茌平县的征兵。体检合格后就是政审。这一次，刘忠强没有受到家庭成分的影响，顺利通过政审。政审后，刘忠强在禹城乘上送兵专列，直接到了北京。之后，刘忠强被分配到中央警卫团，主要工作就是保卫中央领导人。四年兵役期满后，刘忠强退伍。回到家乡后，刘忠强考出机动车驾驶证，然后买了一辆货车跑运输。他的工作比较固定，通常每天很早就和妻子一起开车到东阿县城的一个方便面工厂拉货，按照工厂要求运送到菏泽、泰安等不同的地方。

刘忠强与战友们合影(后排左一)

五、立族碑

刘庆洪村有刘、崔、贾三个家族。目前有族谱碑的是刘氏和崔氏家族。

刘氏家族的族谱碑是一通古碑，于明天启五年(1625 年)立。这通古碑原立在刘氏家族的祖坟中，但在“文化大革命”时期被村里的年轻人推倒，后丢失。后来这通古碑出现在第三生产小队的牛棚里，成为垫牛槽的基石。2003 年，西院的刘忠祥和东院的刘玉庆带头组织重新立碑。各家按人头交钱，不论男女，每人交 1 元钱，用来买砖等材料，还买了鞭炮、火纸、祭品。因为族谱碑已经断为两截，所以需要用砖把它镶嵌起来。此族谱碑阳为宗派图，碑首有“宗派之图”字样，碑文开首为“原籍山西洪洞县人自洪武贰拾伍年迁移山东东昌府茌平县入籍……”，其余字迹斑驳不清，但是可以看出其下为刘氏各宗派分支图，也可以辨认出一部分人的名字，如“自南、自北、自西、自东”，显然为同一辈人。碑阴刻有碑记，碑记仍清晰可辨。

族谱碑于 2003 年重新立在村南祖坟前。重新立起族谱碑的那个大年初一，刘家西大院、中间小院与东头刘家共三院合族男子到祖坟上祭祀。后来，由于族谱碑所在土地需要耕种，族谱碑倒塌，族人又一次重新将其树立起来。最后树立的族谱碑没有再进行镶嵌。

刘氏祖坟和2003年重立的族谱碑

崔氏家族在2011年立了族谱碑。崔氏重视家族派系源流，自清道光十九年(1840年)始至今共5次修族谱。崔氏祖先在山西洪洞共兄弟8人，明洪武五年(1372年)有3人迁到东昌府入籍。其中崔友谅、崔友宁迁居在平城南大崔庄，崔友章迁居东阿。崔友谅、崔友宁、崔友章三祖之母钭氏宠爱幼子，与幼子崔友章一起迁往东阿大林崔村。刘庆洪村的崔氏家族是康熙二十三年(1684年)从茌南大崔庄迁入。迁入刘庆洪村的是崔氏第十世的崔振英和崔奋英兄弟两人。刘庆洪村崔氏家族修谱活动都是与大崔庄和东阿大林崔村的崔氏共同完成的。后来，刘庆洪村崔氏的老家局[①]觉得应该让崔氏后人了解自己的世系源流，因此决定立一个族谱碑。老家局有5个人，分别是崔玉岭、崔玉印、崔立新、崔锡金和崔锡贵，以崔玉岭为首。他们去河东的刁山坡(属平阴县)找人刻碑，碑上面写明了崔氏家族的来历以及刘庆洪村崔氏的世系。2011年清明节前夕，老家局组织人购买了红绸、火纸、鞭炮和其他祭品，在村东南的崔氏祖坟前将族谱碑立了起来。族谱碑立稳以后，老家局带领族人给碑系上红绸，族里年轻人鸣鞭炮、烧纸。族里闻信的男丁和媳妇们尽量都赶来，老家局率领族人们向着族谱碑磕头跪拜。仪式结束

① “老家局”是指一个家族里负责家族事务的几个人，一般是族内德高望重、懂老规矩又愿意为公共事务出力的人。他们负责的事务包括家族祭祀、修谱立碑、婚丧嫁娶、处理族内纠纷等。

后，族人聚餐。崔锡贵称之为“清明贺碑”，立碑所需的费用是按各家庭的男丁和媳妇人头数均摊的。此后每年初一全族人上坟祭祀时，都是在立碑的老祖宗坟前先行祭祀，然后再各家进行分祭。

崔氏族谱碑阳

崔氏族谱碑阴

贾氏家族没有族谱碑。贾乾坤在 2013 年农历十月初一率领子孙为其父亲贾立德坟前立了一个墓碑。墓碑上刻有立碑人姓名。

贾立德墓碑

附　录 重要民俗资料提供者简介

1. 刘忠友，男，1935 年出生，刘庆洪村民，高小学历，部队转业干部，曾先后参加抗美援朝、西藏平叛、中印边界自卫反击战等战役，退休后回乡居住。

2. 刘忠祥，男，1945 年出生，刘庆洪村民，高小学历，曾在刘庆洪村担任赤脚医生。

3. 崔立新，男，1967 年出生，刘庆洪村民，初中学历，刘庆洪村党支部书记兼村委会主任。

4. 崔锡贵，男，1970 年出生，刘庆洪村民，初中学历，崔氏家族事务组织者之一。

5. 俄翠逸，女，1943 年出生，刘庆洪村民，初中学历，从东阿嫁入刘庆洪村，刘忠友之妻。在村里担任过民办教师、大队会计、赤脚医生。

6. 刘艳新，女，1972 年出生，刘庆洪村民，初中学历，刘庆洪村广场舞蹈队主要成员。

7. 刘忠强，男，1969 年出生，刘庆洪村民，初中学历，村文书。

8. 贾乾坤，男，1936 年出生，刘庆洪村民，“大兴斋”茶食铺第三代传人。

9. 贾元臣，男，1959 年出生，刘庆洪村民，高中学历，“大兴斋”茶食铺第四代传人。

10. 贾金明，男，1986年出生，刘庆洪村民，初中学历，“大兴斋”茶食铺第五代传人。正式接管家里茶食铺后，将自家的茶食铺更名为“大明发”。

11. 崔锡禄，男，刘庆洪村民，高小毕业后，经村里选拔去上农业中学。后担任教场铺代销点采购员。退休后办起家庭酒坊。

12. 贾金英，女，1939年出生，刘庆洪村民，娘家在刘庆洪村南1.5公里处的贾庄。

13. 刘忠海，男，1948年出生，刘庆洪村民，复员军人。

14. 舒国华，女，1958年出生，刘庆洪村民，初中学历，原籍四川资阳，刘忠海之妻。

15. 吴立新，女，1968年出生，刘庆洪村民，初中学历，刘庆洪村妇女主任、村委委员，娘家在南大吴村。

16. 刘玉斌，男，1949年出生，刘庆洪村民。

17. 李春兰，女，1950年出生，刘庆洪村民，刘玉斌之妻，娘家在郝集乡常杨村。

18. 石云英，女，1948年出生，刘庆洪村民，高小学历，娘家在韩集乡石海子村。

19. 刘忠红，男，1953年出生，刘庆洪村民，退伍军人，负责刘氏家族红白喜事。

20. 杨翠凤，女，1956年出生，刘庆洪村民，刘忠红之妻，娘家在东阿县的枣科杨村。

21. 刘忠强，男，1973年出生，刘庆洪村民，初中学历，退伍军人，刘庆洪村委委员。

22. 崔玉文，男，1956年出生，刘庆洪村民，高中学历，刘庆洪村信贷员。

23. 庞艳红，女，1958年出生，刘庆洪村民，高中学历，崔玉文之妻，娘家在韩集乡的庞庄。

24. 崔玉柱，男，1964年出生，刘庆洪村民，高中学历。

25. 崔玉代，男，1937年出生，刘庆洪村民，曾负责崔氏家族红白喜事。

26. 杜红珍，女，1929年出生，刘庆洪村民，娘家在刘庆洪村北边的李家胡同。

27.史宪英,女,1942年出生,刘庆洪村民,娘家在刘庆洪村西边的小李庄。

28.崔德清,女,1946年出生,刘庆洪村民,刘玉振之妻,娘家在小崔庄。

29.徐莲英,女,1944年出生,刘庆洪村民,娘家在大徐村。

30.吴远荣,女,1944年出生,刘庆洪村民,娘家在南大吴村。

1.(清)王世臣修,孙克绪纂:《茌平县志》,(台北)成文出版社 1976 年影印康熙四十九年刻本。

2.(清)李贤书修,(清)吴怡等纂:《东阿县志》,(台北)成文出版社 1976 年影印道光九年刻本。

3.(清)孔广海纂,(民国)董政华重修:《阳谷县志》,(台北)成文出版社 1968 年影印民国三十一年铅印本。

4.(民国)牛占城等修,周之祯等纂:《山东省茌平县志》,(台北)成文出版社 1976 年影印民国二十四年刻本。

5.(民国)周竹生修,靳维熙纂:《东阿县志》,(台北)成文出版社 1976 年版。

6.(民国)梁钟亭等修,张树梅等纂:《山东省续修清平县志》,(台北)成文出版社 1968 年影印民国二十五年刻本。

7.(民国)徐子尚修,张树梅等纂:《山东省临清县志》,(台北)成文出版社 1968 年影印民国二十三年刻本。

8.山东省茌平县地方史志编纂委员会编:《茌平县志》,齐鲁书社 1997 年版。

9.山东省东阿县地方史志编纂委员会编:《东阿县志》,齐鲁书社 1998

年版。

10. 阳谷县地方史志编纂委员会编:《阳谷县志》,中华书局 1991 年版。

11. 山东省聊城地区地方史志编纂委员会编:《聊城地区志》,齐鲁书社 1997 年版。

12. 山东省聊城市地方史志编纂委员会编:《聊城市志》,齐鲁书社 1999 年版。

13. 宋杰主编:《聊城地区棉花志》,中国科学技术出版社 1992 年版。

14. 山东省地方史志编纂委员会编:《山东省志·粮食志》,山东人民出版社 1994 年版。

15. 王长新、仇长义编著:《茌平风情》,中国石油大学出版社 1997 年版。

16. 张青、林中园编著:《寻根在洪洞·洪洞古大槐树处移民志》,山西人民出版社 1999 年版。

17. 聊城地区史志办公室、山东省出版总社聊城分社编:《聊城风物》,山东友谊出版社 1988 年版。

18. 齐保柱编著:《东昌古今备览》,山东友谊出版社 1990 年版。

19. (明)兰陵笑笑生著,王汝梅等校点:《金瓶梅》,齐鲁书社 1991 年版。

20. 费孝通:《乡土中国　生育制度》,北京大学出版社 1998 年版。

21. 费孝通:《江村经济——中国农民的生活》,商务印书馆 2005 年版。

22. 费孝通:《江村农民生活及其变迁》,敦煌文艺出版社 1997 年版。

23. 阎云翔:《礼物的流动——一个中国村庄中的互惠原则与社会网络》,李放春、刘瑜译,上海人民出版社 2000 年版。

24. 杨懋春:《一个中国村庄:山东台头》,张雄等译,江苏人民出版社 2001 年版。

25. 庄孔韶:《银翅:中国的地方社会与文化变迁》,三联书店 2000 年版。

26. 王沪宁:《当代中国村落家族文化——对中国社会现代化的一项探索》,上海人民出版社 1991 年版。

27. 王跃生:《社会变革与婚姻家庭变动:20 世纪 30～90 年代的冀南农村》,三联书店 2006 年版。

28. 王铭铭:《社会人类学与中国研究》,广西师范大学出版社 2005 年版。

29. 王铭铭:《心与物游》,广西师范大学出版社 2006 年版。

30. 乌丙安:《民俗学原理》,辽宁教育出版社 2001 年版。

31. 乌丙安:《中国民俗学》,辽宁大学出版社 1999 年版。

32. 钟敬文主编:《民俗学概论》,上海文艺出版社 2003 年版。

33. 安作璋主编:《中国运河文化史》,山东教育出版社 2001 年版。

34. 王云:《明清山东运河区域社会变迁》,人民出版社 2006 年版。

35. 李泉、王云:《山东运河文化研究》,齐鲁书社 2006 年版。

36. 高建军:《山东运河民俗》,济南出版社 2006 年版。

37. 王守中、郭大松:《近代山东城市变迁史》,山东教育出版社 1999 年版。

38. 马王:《沉梦遗香大运河》,东方出版社 2006 年版。

39. 许檀:《明清时期山东商品经济的发展》,中国社会科学出版社 1998 年版。

40. 陈大康:《明代商贾与世风》,上海文艺出版社 1996 年版。

41. 宋德金:《金史》,人民出版社 2006 年版。

42. 李路阳、畏冬:《中国清代习俗史》,人民出版社 1994 年版。

43. 林永匡、袁立泽:《中国风俗通史·清代卷》,上海文艺出版社 2001 年版。

44. 周作人原著,钟叔河选编:《知堂谈吃·再谈南北的点心》,山东画报出版社 2005 年版。

45. 伊永文:《到古代中国去旅行:古代中国风情图记》,中华书局 2005 年版。

46. 贾敬颜:《五代宋金元人边疆行记十三种疏证稿》,中华书局 2004 年版。

47. 邵万宽、章国超:《金瓶梅饮食谱》,山东画报出版社 2007 年版。

48. 吴正格编著:《满族食俗与清宫御膳》,辽宁科学技术出版社 1988 年版。

49. 常人春:《老北京的民俗行业》,学苑出版社 2002 年版。

50. 杨锡春:《满族风俗考》,黑龙江人民出版社 2002 年版。

51. 山曼等:《山东民俗》,山东友谊出版社 1988 年版。

52. 翁洋洋:《中国传统节日食品》,中国轻工业出版社 1994 年版。

53. 杨文骐编:《中国饮食民俗学》,中国展望出版社 1983 年版。

54. 赵东玉:《中华传统节庆文化研究》,人民出版社 2002 年版。

55. 万建中:《饮食与中国文化》,江西高校出版社 1994 年版。

56. 李炳译:《多味的餐桌——中国少数民族饮食文化》,北京出版社 2000 年版。

57. 王利华:《中古华北饮食文化的变迁》,中国社会科学出版社 2000 年版。

58. 瞿明安、郑萍:《沟通人神——中国祭祀文化象征》,四川人民出版社 2005 年版。

59. 瞿明安:《隐藏民族灵魂的符号:中国饮食象征文化论》,云南大学出版社 2001 年版。

60. [美]尤金·N·安德森:《中国食物》,马孆、刘东译,江苏人民出版社 2002 年版。

61. [美]马文·哈里斯:《好吃:食物与文化之谜》,叶舒宪、户晓辉译,山东画报出版社 2001 年版。

62. [美]克利福德·格尔茨:《文化的解释》,韩莉译,译林出版社 1999 年版。

63. [美]克利福德·吉尔兹:《地方性知识:阐释人类学论文集》,王海龙、张家瑄译,中央编译出版社 2000 年版。

64. [美]施坚雅:《中国农村的市场和社会结构》,史建云、徐秀丽译,中国社会科学出版社 1998 年版。

图书在版编目(CIP)数据

刘庆洪村/刘爱昕著. —济南:山东大学出版社,2017.12
(山东村落田野研究丛书/张士闪,李松总主编)
ISBN 978-7-5607-5914-2

Ⅰ. ①刘… Ⅱ. ①刘… Ⅲ. ①村史—茌平县
Ⅳ. ①K295.25

中国版本图书馆 CIP 数据核字(2017)第 328671 号

责任策划:傅　侃
责任编辑:李艳玲
装帧设计:牛　钧

出版发行:山东大学出版社
社　址　山东省济南市山大南路 20 号
邮　编　250100
电　话　市场部(0531)88363008
经　　销:山东省新华书店
印　　刷:山东华鑫天成印刷有限公司
规　　格:720 毫米×1000 毫米　1/16
10.75 印张　163 千字
版　　次:2017 年 12 月第 1 版
印　　次:2017 年 12 月第 1 次印刷
定　　价:40.00 元